NOTICE

DE

LIVRES CLASSIQUES

À L'USAGE

1º DE L'ENSEIGNEMENT SECONDAIRE

(LYCÉES, COLLÉGES, SÉMINAIRES, INSTITUTIONS ET PENSIONS)

2º DE L'ENSEIGNEMENT SUPÉRIEUR

PARIS

LIBRAIRIE HACHETTE ET Cⁱᵉ

79, BOULEVARD SAINT-GERMAIN, 79

Avril 1875

TABLE DES MATIÈRES

	Pages
1º Pédagogie ; Législation de l'instruction publique............	3
2º Programmes et Manuels pour divers examens..............	3
3º Étude de la langue française.............................	4
4º Géographie...	6
5º Mythologie, Histoire et Chronologie......................	8
6º Philosophie et Économie politique........................	9
7º Sciences et Arts.	
§ 1. Arithmétique et applications diverses...............	10
§ 2. Géométrie ; Arpentage ; Dessin d'imitation...........	11
§ 3. Algèbre ; Application de l'Algèbre à la Géométrie ; Géométrie analytique, Géométrie descriptive ; Trigonométrie.	12
§ 4. Mécanique......................................	12
§ 5. Astronomie, Cosmographie........................	13
§ 6. Physique ; Chimie...............................	13
§ 7. Histoire naturelle...............................	14
§ 8. Ouvrages divers.................................	14
8º Étude de la langue latine...............................	14
9º Étude de la langue grecque ancienne.....................	18
10º Étude des langues vivantes.	
Langue allemande......................................	21
Langue anglaise.......................................	23
Langue italienne......................................	24
Langue espagnole.....................................	24

On adressera franco aux personnes qui en feront la demande :

Le catalogue des livres d'éducation et d'enseignement ;
Le catalogue des livres de littérature générale et de connaissances utiles ;
Le catalogue des livres reliés pour les distributions de prix ;
Le catalogue des livres à l'usage des bibliothèques populaires ;
Le catalogue des livres reçus en dépôt ;
Le catalogue des livres d'étrennes ;
Le catalogue des fournitures de classes ;
Le catalogue du matériel nécessaire pour l'enseignement pratique des sciences.

1° PÉDAGOGIE

LÉGISLATION DE L'INSTRUCTION PUBLIQUE

arrau. *Conseils sur l'éducation dans la famille et au collége.* In-8, br. 5 fr.

réal (Michel), professeur au Collége de France. *Quelques mots sur l'instruction publique en France.* 1 vol. in-12, broché. 3 fr. 50 c.

ournot, ancien recteur d'Académie. *Des institutions d'instruction publique en France.* 1 vol. in-8, br. 7 fr. 50 c.

urdain, inspecteur général de l'instruction publique. *Le budget de l'instruction publique et des établissements scientifiques et littéraires depuis la fondation de l'Université.* In-8, br. 7 fr. 50 c.

— *Le budget des cultes en France, depuis le concordat de 1801 jusqu'en 1859.* In-8, broché. 7 fr. 50 c.

Prévost-Paradol. *Du rôle de la famille dans l'éducation.* Ouvrage qui a obtenu un prix à l'Académie des sciences morales et politiques. In-8, broché. 2 fr. 50 c.

Simon (Jules). *La réforme de l'enseignement secondaire*; 2ᵉ édition. In-12, broché. 3 fr. 50

2° PROGRAMMES ET MANUELS

POUR DIVERS EXAMENS

émento du baccalauréat ès lettres, résumé sommaire des connaissances demandées pour l'examen du baccalauréat ès lettres. 2 vol. petit in-16, cart. 8 fr.

Tome I, partie littéraire, comprenant : 1° Conseils sur les différentes épreuves et Notices sur les auteurs et les ouvrages indiqués pour l'explication orale ; — 2° Philosophie ; — 3° Histoire ; — 4° Géographie, par MM. Albert Le Roy, Ducoudray, Cortambert, etc, cartonné. 4 fr. 50 c.

Tome II, partie scientifique, comprenant : 1° Géométrie ; — 2° Algèbre ; — 3° Physique ; 4° — Chimie, par MM. Bos, Bezodis, Pichot et Boutet de Monvel, cartonné. 3 fr. 50 c.

uestionnaire sur le Mémento du baccalauréat ès lettres. 1 vol. petit in-16. 2 fr.

émento du baccalauréat ès lettres scindé. (*Sous presse.*)

émento du baccalauréat ès sciences, résumé sommaire des connaissances demandées pour l'examen du baccalauréat ès sciences. 2 vol. petit in-16, cartonnés. 11 fr.

Tome I, partie littéraire, comprenant : 1° Conseils sur les différentes épreuves et Notices sur les auteurs et les ouvrages indiqués pour l'explication orale ; — 2° Philosophie ; — 3° Histoire ; 4° Géographie, par MM. Albert Le Roy, Ducoudray, Cortambert, etc., cart. 4 fr. 50 c.

Tome II, partie scientifique, comprenant : 1° Arithmétique ; — 2° Géométrie ; — 3° Algèbre ; — 4° Trigonométrie rectiligne ; — 5° Géométrie descriptive ; — 6° Cosmographie ; — 7° Mécanique ; — 8° Physique ; — 9° Chimie, par MM. Bos, Bezodis, Pichot, Mascart et Boutet de Monvel, cart. 6 fr. 50 c.

Questionnaire sur le Mémento du baccalauréat ès sciences (partie littéraire et partie scientifique), 1 vol. petit in-16, cartonné. 2 fr. 50 c.

Programmes officiels du 23 juillet 1874 pour l'enseignement secondaire classique, (classes de lettres). In-12, br. 75 c.

Programmes des connaissances exigées et intruction ministérielle pour l'admission à l'École spéciale militaire de Saint-Cyr. Brochure in-12. 30 c.

Programmes des connaissances exigées et instruction ministérielle pour l'admission à l'École polytchnique. In-12. 40 c.

Programme du baccalauréat ès sciences. In-12. 30 c.

Programme du baccalauréat ès lettres complet en un seul examen. In-12. 30 c.

Programme du baccalauréat ès lettres scindé en deux séries d'épreuves. Brochure in-12. 30 c.

3° ÉTUDE DE LA LANGUE FRANÇAISE

Traités élémentaires de Grammaire, de Rhétorique, de Versification et de Littérature; Dictionnaires; Auteurs français; Recueils de morceaux en prose et en vers; Mélanges.

Albert (Paul), maître de conférences à l'Ecole normale supérieure. *La Poésie*, études sur les chefs-d'œuvre des poëtes de tous les temps et de tous les pays; 3e édition. 1 vol. in-12, broché. 3 fr. 50 c.
— *La Prose*, études sur les chefs-d'œuvre des prosateurs de tous les temps et de tous les pays; 2e édit. 1 vol. in-12, 3 fr. 50 c.
— *La littérature française*, des origines à la fin du XVIe siècle. In-12, br. 3 r. 50 c.
— *La littérature française au XVIIe siècle*. 1 vol. in-12, br. 3 fr. 50 c.
— *La littérature française au XVIIIe siècle*. 1 vol. in-12, br. 3 fr. 50 c.

Barrau. *Méthode de composition et de style*, ou principes de l'art d'écrire en français, suivis d'un choix de modèles en prose et en vers; 10e édition. In-12, cartonné. 2 fr. 75 c.
— *Exercices de composition et de style*, ou sujets de description, de narrations, de dialogues et de discours; 4e édition. In-12, br. 2 fr.

Brachet (Auguste), lauréat de l'Institut. *Nouvelle grammaire française*, fondée sur l'histoire de la langue. In-12, cartonné. 1 fr. 50 c.

Chapsal. *Modèles de littérature française*, ou morceaux choisis en prose et en vers des meilleurs écrivains, depuis le XVIe siècle jusqu'à nos jours, avec des notices biographiques et littéraires; nouv. édit. 2 vol. in-12, cart. 5 fr.

On vend séparément:
Morceaux en prose. 1 vol. 2 fr. 50 c.
Morceaux en vers. 1 vol. 2 fr. 50 c.

Chassang, inspecteur général de l'instruction publique. *Modèles de composition française*, empruntés aux écrivains classiques, comprenant des lettres, des dialogues, des descriptions, des portraits, des narrations, des discours, des lieux communs ou dissertations, avec des arguments, des notes et des préceptes sur chaque genre de composition. In-12, cart. 2 fr.

Classiques français, format in-12. Editions, publiées avec des notes historiques et littéraires, par les auteurs dont les noms sont indiqués entre parenthèses.

Bossuet: Discours sur l'histoire universelle (Olleris). 2 fr. 50 c.
— Oraisons funèbres (Aubert). 1 fr. 60 c.
Corneille: Théâtre choisi (Geruzez). Prix. 2 fr. 50 c.
Fénelon: Dialogues des morts (B. Jullien). 1 fr. 80 c.
— Dialogues sur l'éloquence (Delzons). 80 c.
— Opuscules académiques. 80 c.
— Télémaque (Chassang). 1 fr. 50 c.
La Bruyère: Caractères (G. Servois). Prix. 2 fr. 80 c.
Massillon: Carême (Colincamp). 1 fr. 25 c.
Montesquieu: Grandeur et décadence des Romains (C. Aubert). 1 fr. 25 c.
Racine: Théâtre choisi (E. Geruzez). Prix. 2 fr. 50 c.
Rousseau (J.-B.). Œuvres lyriques (Geruzez). 1 fr. 60 c.
Voltaire: Histoire de Charles XII (Brochard-Dauteuille). 1 fr. 60 c.
— Siècle de Louis XIV (Garnier), 2 fr. 75
— Théâtre choisi (Geruzez). 2 fr. 50 c.

Classiques français. Nouvelle collection format petit in-16, publiée avec des notices, des arguments analytiques et des notes, par les auteurs dont les noms sont indiqués entre parenthèses:

Ces éditions se recommandent par la pureté du texte, la concision des notes, la commodité du format et l'élégance du cartonnage.

Boileau: Œuvres poétiques (Geruzez). Prix. 1 fr. 50 c.
Buffon. Discours sur le style. 30 c.
Fénelon: Fables (A. Regnier). 75 c.
— Sermon pour la fête de l'Épiphanie (G. Merlet). 60 c.
Florian: Fables (Geruzez). 75 c.
La Fontaine: Fables (E. Geruzez). 1 fr. 60
Lamartine: Morceaux choisis. 2 fr.
Théâtre classique (A. Regnier). 3 fr.

D'autres auteurs sont en préparation.

ÉTUDE DE LA LANGUAGE FRANÇAISE.

répet. *Le trésor épistolaire de la France.* Choix des lettres les plus remarquables au point de vue littéraire, du seizième siècle jusqu'à nos jours. 2 volumes in-12, br. 7 fr.

)emogeot, agrégé de la faculté des lettres de Paris. *Histoire de la littérature française* depuis ses origines jusqu'à nos jours; 14e édition, 1 vol. in-12, 4 fr.
— *Textes classiques de la littérature française,* extraits des grands écrivains français, avec notices, appréciations et notes, recueil servant de complément à l'*histoire de la littérature française.* 2 vol. in-12, cartonnés. 4 fr. 50 c.

'énelon. *Fables et opuscules divers* précédés d'un extrait de l'histoire de Fénelon par le cardinal de Bausset, et accompagnés des notices mythologiques, historiques et géographiques, par M. Ad. Regnier. In-16, cartonné. 75 c.
— *Morceaux choisis,* à l'usage des classes de septième, publié par M. Ad. Regnier. In-18, cart. 80 c.
— *Sermon pour la fête de l'Épiphanie.* Nouvelle édition classique, avec une introduction et des notes, par M. G. Merlet. In-16, cartonné. 60 c.

ilon (A.), inspecteur honoraire de l'Académie de Paris. *Eléments de rhétorique française.* 8e édit. In-12, cart. 2 fr. 50 c.
— *Nouvelles narrations françaises,* avec les arguments: précédées d'exercices courts et faciles, à l'usage des élèves qui veulent se former à l'art d'écrire; 12e édition. In-12, broché. 3 fr. 50 c.

afaye. *Dictionnaire des synonymes de la langue française,* avec une introduction sur la théorie des synonymes. Ouvrage qui a obtenu de l'Institut le prix de linguistique en 1843 et en 1858; 3e édition suivie d'un supplément. 1 vol. gr. in-8 de 1500 pages, br. 23 fr.
Le cartonnage en percaline gaufrée se paye en sus 2 fr. 75 c.; la demi-reliure en chagrin, 4 fr. 50.
Le *Supplément* seul, br. 8 fr.

a Fontaine. *Choix de fables,* avec une notice biographique et des notes tirées de l'édition classique publiée par M. Geruzez. In-12, cart. 1 fr.

ittré (E.). *Dictionnaire de la langue française* contenant la nomenclature la plus étendue, la prononciation et les difficultés grammaticales, la signification des mots avec de nombreux exemples, et les synonymes, l'histoire des mots, depuis les premiers temps de la langue française jusqu'au seizième siècle, et l'étymologie comparée. 4 vol. gr. in-4 à 3 colonnes, br. 100 fr.
La reliure en demi-chagrin se paye en sus 20 fr.

Méthode uniforme pour l'enseignement des langues, par M. E. Sommer, agrégé des classes supérieures, docteur ès lettres:
Abrégé de grammaire française, à l'usage des classes préparatoires des lycées et collèges. In-12, cart. 75 c.
Questionnaire sur l'abrégé de grammaire française. In-12, cart. 40 c.
Exercices sur l'abrégé de grammaire française. In-12, cart. 75 c.
Corrigé desdits exercices. In-12. 1 fr.
Exercices sur l'analyse grammaticale et sur l'analyse logique. In-12, cart. 1 fr.
Corrigé des exercices sur l'analyse grammaticale. In-12. 2 fr.
Corrigé des exercices sur l'analyse logique. In-12. 1 fr. 50 c.
Cours complet de grammaire française, à l'usage des établissements d'instruction secondaire. In-8, cart. 1 fr. 50 c.
Exercices sur le cours complet de grammaire française. In-8, cart. 1 fr. 50 c.
Corrigé des exercices. In-8, br. 2 fr.
Voir pages 16 et 20, pour les *langues latine et grecque.*

Morceaux choisis des grands écrivains du seizième siècle, accompagnés d'une grammaire et d'un dictionnaire de la langue du xvie siècle, par M. Aug. Brachet, lauréat de l'Académie; 2e édit. 1 vol. in-12, cart. 3 fr. 50 c.

Pellissier, professeur à Sainte-Barbe. *Morceaux choisis des classiques français,* en prose et en vers. Recueils composés d'après les programmes officiels des lycées, à l'usage des classes de grammaire et d'humanités, 6 vol. in-12, cartonnés:
Classe de Sixième, 1 vol. 1 fr.
Classe de Cinquième, 1 vol. 1 fr.
Classe de Quatrième, 1 vol. 1 fr.
Classe de Troisième, 1 vol. 2 fr.
Classe de Seconde, 1 vol. 2 fr.
Classe de Rhétorique, 1 vol. 2 fr.
— *Premiers principes de style et de composition.* 1 vol. in-12, cart. 1 fr. 50 c.
— *Sujets et modèles de compositions françaises* destinés à servir d'application aux *Premiers principes de style.* 1 vol. in-12, cartonné. 1 fr 50 c.
— *Principes de rhétorique française.* 1 vol. in-12, cart. 2 fr. 50 c.
— *Sujets et modèles de compositions françaises* destinés à servir d'application aux *Principes de rhétorique.* 1 vol. in-12, cartonné. 2 fr. 50 c.

ÉTUDE DE LA LANGUE FRANÇAISE.

Poitevin. *Etude méthodique et raisonnée des homonymes et des paronymes français;* 10e édition. 2 vol. in-12.
Exercices. 1 vol.   1 fr. 50 c.
Corrigé des exercices. 1 vol.   2 fr.

Prévost-Paradol. *Etudes sur les moralistes français,* suivies de quelques réflexions sur divers sujets. 1 vol. in-12, broché.   3 fr. 50 c.

Quicherat (L.). *Traité de versification française* où sont exposées les variations successives des règles de notre poésie et les fonctions de l'accent tonique dans les vers français; 2e édition. 1 vol. in-8, broché.   7 fr. 50 c.
— *Petit traité de versification française;* 5e édition. In-12, cart.   1 fr.

Sommer. *Petit dictionnaire des rimes françaises,* précédé d'un précis des règles de la versification. In-18, cartonné.   1 fr. 80 c.
— *Petit dictionnaire des synonymes français,* avec: 1º leur définition; 2º de nombreux exemples tirés des meilleurs écrivains; 3º l'explication des principaux homonymes français. In-18, cart. 1 fr. 80 c.

— *Manuel de l'art épistolaire.* 2 vol. gr. in-18, br.   3 fr. 25 c.
— *Manuel de style,* ou préceptes et exercices sur l'art de composer et d'écrire en français. 2 vol. gr. in-18, br.   3 fr.
Voir *Méthode uniforme pour l'enseignement des langues,* pages 5, 16, 20, 22, 23 et 24.

Soulice (Th.). *Petit dictionnaire de la langue française;* nouvelle édition entièrement refondue. In-18, cart. 1 fr. 50 c.
Autorisé par le Conseil de l'Instr. publique.
Le même ouvrage, suivi d'un *Complément historique et géographique,* par M. Soulice fils. 1 fort vol. in-18, cartonné.   1 fr. 80.
Le *Complément historique et géographique* seul. 1 vol. in-18, cart. 50 c.

Soulice et Sardou. *Petit dictionnaire raisonné des difficultés et exceptions de la langue française.* In-18, cart.   2 fr.
Relié en percaline gaufrée.   2 fr. 50 c.

Witt (Mme), née Guizot. *Recueil de poésies pour les jeunes filles.* 1 volume in-12, br.   2 fr.

4º GÉOGRAPHIE

Bouillet. *Atlas universel d'histoire et de géographie.* Ouvrage faisant suite au *Dictionnaire d'histoire et de géographie* du même auteur, et comprenant: 1º LA CHRONOLOGIE: la concordance des principales ères avec les années avant et après Jésus-Christ et des tables chronologiques universelles; 2º LA GÉNÉALOGIE: des tableaux généalogiques des dieux et de toutes les familles historiques, et un traité élémentaire de l'art héraldique; 3º LA GÉOGRAPHIE: 88 cartes de géographie ancienne et moderne avec un texte explicatif indiquant les ressources et les divisions de chaque pays. 1 volume grand in-8, br.   21 fr.
Le cartonnage se paye en sus 2 fr. 75 c.
Le même ouvrage, avec 12 planches coloriées de l'art héraldique, br.   30 fr.
Le cartonnage se paye en sus 3 fr. 25 c.

Cortambert. *Atlas* dressés sous sa direction:
1º *Atlas* (petit) *de géographie ancienne,* composé de 16 cartes. Grand in-8, cartonné.   2 fr. 50 c.
2º *Atlas* (petit) *de géographie du moyen âge,* composé de 15 cartes grand in-8, cartonné.   2 fr. 50 c.
3º *Atlas* (petit) *de géographie moderne,* composé de 20 cartes. Nouvelle édition gravée sur acier. Grand in-8, cartonné.   2 fr. 50 c.
4º *Atlas* (petit) *de géographie ancienne et moderne,* composé de 36 cartes. Grand in-8, cartonné.   5 fr.
5º *Atlas* (petit) *de géographie ancienne: du moyen âge et moderne,* composé de 51 cartes. Grand in-8, cart. 7 fr. 50 c.
6º *Atlas* (nouvel) *de géographie moderne,* contenant 66 cartes. Grand in-4, cartonné.   10 fr.
7º *Atlas complet de géographie,* contenant en 98 cartes la géographie ancienne, la géographie du moyen âge, la cosmographie et la géographie moderne. Grand in-4, cartonné.   15 fr.
Chaque carte séparément.   15 c.

— *Nouveau cours complet de géographie,* contenant les matières indiquées par les programmes de 1874, à l'usage des lycées et des collèges. 12 vol. in-12, cartonnés avec vignettes dans le texte et accompagnés d'atlas correspondant aux matières enseignées dans chaque classe:
Notions élémentaires de Géographie générale et notions sur la géographie phy-

GÉOGRAPHIE. 7

sique de la France physique et de la Terre sainte (classe préparatoire). 1 volume. 80 c.
Atlas correspondant (9 cartes), 1 volume. 1 fr. 50 c.
Géographie élémentaire des cinq parties du monde (classe de Huitième). 1 volume. 80 c.
Atlas correspondant (10 cartes), 1 volume. 1 fr. 50 c.
Géographie élémentaire de la France (classe de Septième). 1 vol. 1 fr. 20 c.
Atlas correspondant (15 cartes), 1 volume. 2 fr. 50 c.
Géographie générale de l'Asie, de l'Afrique, de l'Amérique et de l'Océanie (classe de Sixième). 1 vol. 1 fr. 50 c.
Atlas correspondant (27 cartes), 1 vol. 4 fr.
Géographie générale physique et politique de l'Europe, moins la France (classe de Cinquième). 1 volume. 1 fr. 50 c.
Atlas correspondant (20 cartes), 1 vol. 3 fr.
Géographie de la France (classe de quatrième). 1 volume. 1 fr. 50 c.
Atlas correspondant (23 cartes), 1 vol. 3 fr.
Géographie de l'Europe (classe de Troisième). 1 vol. 2 fr.
Atlas correspondant (20 cartes), 1 volume. 3 fr. 50 c.
Description particulière de l'Asie, de l'Afrique, de l'Amérique et de l'Océanie, précédée d'un résumé de la Géographie générale (classe de Seconde). 1 vol. 3 fr.
Atlas correspondant (29 cartes), 1 volume. 4 fr.
Géographie de la France et de ses colonies, précédée de notions générales de géographie (classe de Rhétorique). 1 volume. 3 fr.
Atlas correspondant (30 cartes), 1 volume. 4 fr. 50 c.
Résumé de géographie générale, offrant particulièrement les changements territoriaux survenus depuis 1848 (classe de Philosophie). 1 volume. 2 fr.
Éléments de géographie générale (classe de mathématiques préparatoires). 1 volume. 1 fr. 50 c.
Géographie générale (classe de mathématiques élémentaires) 1 vol. 5 fr.
— Cours de géographie, comprenant la description physique et politique, et la géographie historique des diverses contrées du globe; 11e édition, avec vignettes. 1 fort vol. in-12, cartonné. 4 fr.
— Petit cours de géographie moderne, avec de nombreux exercices. Nouvelle édition, avec vignettes. In-12, cartonné. 1 fr. 50 c.

Erhard. *Nouvelle carte murale de France, muette ou écrite,* dressée d'après la carte publiée par la commission de la topographie des Gaules et donnant une idée exacte du relief du sol. 4 feuilles grand-monde, imprimées en couleurs, ayant ensemble 1m,60 de hauteur sur 1m,78 de largeur. 20 fr.
Le collage sur toile avec gorge et rouleau se paye en sus 12 fr.

Joanne (A.) *Dictionnaire géographique, administratif, postal, statistique et archéologique de la France, de l'Algérie et des colonies;* 2e édition, revue et augmentée. 1 vol. grand in-8 imprimé sur deux colonnes (2700 pages). Br. 25 fr.
Le cartonnage en percaline gaufrée se paye en sus 3 fr. 25 c., et la demi-reliure 5 fr.

— *Atlas de la France,* contenant 95 cartes (1 carte générale de la France, 89 cartes départementales, 1 carte générale de l'Algérie et 4 cartes des Colonies) tirées en 4 couleurs et 94 notices géographiques et statistiques. 1 beau volume in-folio, cartonné. 40 fr.
Chaque carte se vend séparément 50 c.

Meissas et Michelot. *Atlas et cartes.*
Ces atlas sont autorisés par le Conseil de l'Instruction publique.

PETITS ATLAS format in-8.

A. *Atlas* (petit) *élémentaire de géographie moderne,* composé de huit cartes écrites. Cartonné. 2 fr. 50 c.
B. *Le même,* avec 8 cartes muettes (16 cartes). Cartonné. 3 fr. 50 c.
C. *Atlas* (petit) *universel de géographie moderne;* 17 cartes écrites. 5 fr.
D. *Le même,* avec 8 cartes muettes (25 cartes). Cartonné. 6 fr.
E. *Atlas* (petit) *de géographie ancienne et moderne,* composé de 36 cartes écrites sur 30 planches. Cart. 9 fr.
F. *Le même,* avec 8 cartes muettes (44 cartes). Cartonné. 10 fr.
G. *Atlas* (petit) *universel de géographie ancienne, du moyen âge et moderne et de géographie sacrée;* 54 cartes écrites. 14 fr.
H. *Le même,* avec 8 cartes muettes (62 cartes). Cartonné. 15 fr.
Atlas (petit) *de géographie ancienne;* 19 cartes écrites sur 14 planches. 5 fr.
Atlas (petit) *de géographie du moyen âge,* composé de 10 cartes écrites. Cartonné. 3 fr. 50 c.
Atlas de géographie sacrée. 8 cartes écrites sur 6 planches. Cartonné. 2 fr.
Chaque carte se vend séparément 35 c.

GÉOGRAPHIE

GRANDS ATLAS format in-folio.

A. *Atlas élémentaire* composé de 8 cartes écrites. Cartonné. 6 fr.
B. *Le même*, avec 8 cartes muettes (16 cartes). Cartonné. 11 fr. 50 c.
C. *Atlas universel* composé de 12 cartes écrites. Cartonné. 10 fr. 50 c.
D. *Le même*, avec 8 cartes muettes (20 cartes). Cartonné. 15 fr.
E. *Atlas universel*, composé de 19 cartes écrites. Cartonné. 15 fr.
F. *Le même*, avec 8 cartes muettes (27 cartes). Cartonné. 21 fr.

Chaque carte se vend séparément 1 fr.

— *Grandes cartes murales muettes ou écrites*, pour l'enseignement de la géographie dans les classes :

Ces cartes, imprimées sur 16 ou 20 feuilles grand raisin, sont coloriées à teintes plates.
Les cartes en 16 feuilles ont 1 m. 80 de hauteur sur 2 m. 30 de largeur. Celles en 20 feuilles ont 1 m. 80 de hauteur sur 2 m. 80 de largeur.
Le collage sur toile, avec gorge et rouleau et le vernissage, se paye en sus : 1° pour les cartes en 16 feuilles, 12 fr. ; 2° pour les cartes en 20 feuilles, 14 fr.
Chaque carte murale est accompagnée d'un questionnaire qui est donné gratuitement aux acquéreurs de la carte à laquelle il se réfère.
Chaque questionnaire se vend en outre séparément, 30 c.

Géographie ancienne.

Empire romain écrit. 16 feuilles. 10 fr.
Italie et Grèce anciennes écrites. 16 feuilles. 10 fr.

Géographie moderne.

Afrique écrite. 16 feuilles. 10 fr.
Amériques septentrionale et méridionale écrites. 20 feuilles. 12 fr.
Asie écrite. 16 feuilles. 10 fr.
Europe écrite. 16 feuilles. 9 fr.
Europe muette. 16 feuilles. 7 fr. 50 c.
France, Belgique et Suisse écrites. 16 feuilles. 9 fr.
Mappemonde écrite. 20 feuilles. 12 fr.
Mappemonde muette. 20 feuilles. 10 fr.

— *Nouvelle carte murale écrite de la France* par départements, indiquant le relief du terrain, tirée en chromolithographie sur 12 feuilles jésus mesurant 1 mètre 95 de hauteur sur 2 mètres de larg. 15 fr.
La même carte, muette. 15 fr.
Le collage sur toile avec gorge et rouleau se paye en sus 12 fr.
Il existe aussi une collection de *petites cartes murales*, dont le détail se trouve dans la Notice de livres élémentaires.

— *Dictionnaire de géographie ancienne et moderne*. 1 volume grand in-8, contenant 8 cartes coloriées, br. 7 fr. 50 c.
Le cartonnage se paye en sus 1 fr. 50 c.

— *Géographie ancienne*, comparée avec la géographie moderne. In-12. 2 fr. 50 c.

— *Petite géographie ancienne*, comparée avec la géographie moderne. In 18. 1 fr.

— *Nouvelle géographie méthodique*, suivie d'un petit traité sur la construction des cartes. In-12, cartonné. 2 fr. 50 c.

— *Géographie sacrée*, avec un plan de Jérusalem. In-18, cartonné. 1 fr. 25 c.

5° MYTHOLOGIE, HISTOIRE ET CHRONOLOGIE

Bouillet (N.). *Dictionnaire universel d'histoire et de géographie*. Edition entièrement refondue et accompagnée d'un supplément. 1 vol. gr. in-8, broché. 21 fr.
Le cartonnage se paye en sus 2 fr. 75 c.

Ducoudray, agrégé d'histoire. *Histoire contemporaine depuis 1789 jusqu'à nos jours* et *Géographie* ; 10e édition, rédigée conformément aux programmes de 1874, à l'usage de la classe de philosophie. 1 fort vol. in-12, cart. 4 fr. 50 c.

Duruy (V.). *Cours d'histoire*, contenant les matières indiquées par les programmes de 1874, à l'usage des classes de grammaire et d'humanités. 6 vol. in-12, avec cartes géographiques, cartonnés :
Classe de Sixième : *Abrégé d'histoire ancienne*. 1 vol. 2 fr. 50 c.
Classe de Cinquième : *Abrégé d'histoire grecque*. 1 vol. 2 fr. 50 c.
Classe de Quatrième : *Abrégé d'histoire romaine*. 1 vol. 2 fr. 50 c.
Classe de Troisième : *Histoire de l'Europe, du ve siècle à la fin du xiiie siècle (395-1270)*. 1 vol. 3 fr. 50 c.
Classe de Seconde : *Histoire de l'Europe, de la fin du xiiie siècle au commencement du xviie siècle (1270-1610)*. 1 vol. Prix : 3 fr. 50 c.
Classe de Rhétorique : *Histoire de l'Europe, de 1610 à 1789*, précédée d'une courte révision de l'Histoire de France, antérieure à 1610. 1 vol. 3 fr. 50 c.

— *Petit cours d'histoire universelle*. Format in-18, cartonné :
Petite histoire sainte. 80 c.
Vie de N. S. Jésus-Christ. 60 c.
Petite histoire ancienne. 1 fr.
Petite histoire grecque. 1 fr.
Petite histoire romaine. 1 fr.
Petite histoire du moyen âge. 1 fr.

HISTOIRE.

Petite histoire moderne. 1 fr.
Petite histoire de France. 1 fr.
Petite histoire générale. 1 fr.
— *Histoire des Romains*, depuis les temps les plus reculés jusqu'à la fin du règne des Antonins; nouvelle édition. 4 volumes in-8, brochés. 30 fr.
— *Histoire des Grecs* depuis les temps les plus reculés jusqu'à la réduction de la Grèce en province romaine; nouvelle édition. 2 volumes in-8, brochés. 12 fr.
— *Introduction générale à l'histoire de France.* 1 vol. in-12, broché. 3 fr. 50 c.

Fustel de Coulanges, maître de conférences à l'École normale supérieure.
La cité antique; 3e édition. 1 volume in-12, broché. 3 fr. 50 c.
— *Histoire des institutions politiques de l'ancienne France.* Première partie : l'Empire romain, les Germains, la royauté mérovingienne. 1 vol. in-8°. 7 fr. 50 c.

Geruzez. *Petit cours de mythologie;* 13e édition. In-12, cart. 90 c.
Autorisé par le Conseil de l'Instr. publique.

Histoire universelle, publiée par une société de professeurs et de savants, sous la direction de M. V. Duruy. Format in-12, broché.
La terre et l'homme, par M. A. Maury. 5 fr.
Chronologie universelle, par M. Dreyss. 2 vol. 10 fr.
Histoire sainte d'après la Bible, par M. Duruy. 3 fr.
Histoire ancienne des peuples de l'Orient, par M. Maspéro. 5 fr.

Histoire grecque, par M. Duruy. 4 fr.
Histoire romaine, par le même. 4 fr.
Histoire du moyen âge, par le même. 4 fr.
Histoire des temps modernes de 1453 jusqu'à 1789, par le même. 4 fr.
Histoire de France, par le même. 2 volumes. 8 fr.
Histoire d'Angleterre par M. Fleury. 4 fr.
Histoire d'Italie, par M. Zeller. 4 fr.
Histoire du Portugal, par M. Bouchot. Prix. 4 fr.
Histoire de la littérature grecque, par M. Pierron. 4 fr.
Histoire de la littérature romaine, par le même. 4 fr.
Histoire de la littérature française, par M. Demogeot. 4 fr.
Histoire de la littérature italienne, par M. Etienne. 4 fr.
Histoire de la physique et de la chimie, par M. Hoefer. 4 fr.
Histoire de la botanique, de la minéralogie et de la géologie, par le même. 4 fr.
Histoire de la zoologie, par le même. 4 fr.
Histoire de l'astronomie, par le même. 4 fr.
Histoire des mathématiques, par le même. 4 fr.
Dictionnaire historique des institutions, mœurs et coutumes de la France, par M. Chéruel. 2 vol. 12 fr.

Lalanne (Ludovic). *Dictionnaire historique de la France*, contenant : 1° l'histoire civile et littéraire ; 2° l'histoire militaire ; 3° la géographie historique. 1 vol. grand in-8 à 2 colonnes, broché. 24 fr.
Le cartonnage se paye en sus 2 fr. 75 c.

Prévost-Paradol, *Essai sur l'histoire universelle;* 2e édition. 2 vol. in-12. 7 fr.

6° PHILOSOPHIE ET ÉCONOMIE POLITIQUE

Bibliothèque philosophique, à l'usage des classes de philosophie et des aspirants au baccalauréat ès lettres :
Arnauld : Logique de Port-Royal, avec une introduction et des notes. Édition publiée par M. Jourdain. In-12. 2 fr. 50 c.
Bossuet : De la connaissance de Dieu et de soi-même. In-16. 1 fr. 60 c.
Cicéron : De la République, traduction de Le Clerc, sans le texte latin. 1 fr. 50 c.
— Des devoirs, latin-français, traduction de M. Sommer. In-12. 2 fr.
— Des biens et des maux, livres I et II, traduction française par M. Charles. In-16. 1 fr. 50 c.
— Les Tusculanes, trad. franç. d'Olivet et Bouhier, revue par Le Clerc, sans le texte. In-16. 2 fr.

Descartes : Discours de la méthode; publié par M. Vapereau. In-16. 90 c.
Épictète : Manuel, traduction française de MM. Fr. et Ch. Thurot, sans le texte. In-16. 1 fr.
Fénelon : Traité de l'existence de Dieu ; publié par M. Danton, in-12. 1 fr. 50 c.
Leibniz : Extraits de la Théodicée, par M. Janet. In-16. 2 fr. 50 c.
Pascal : De l'autorité en matière de philosophie. — Entretien avec M. de Saci. In-16. 75 c.
Platon : Gorgias, traduction française de Thurot, sans le texte. In-16. 1 fr. 60 c.
— Phédon, trad. française du Fr. Thurot, avec le texte. In-12. 2 fr.
— République, 7me livre, traduction

rançaise, par M. Aubé, sans le texte. In-16. 1 fr. 50 c.
Sénèque : Choix de lettres morales, latin-français, traduction de M. Baillard, in-12. 1 fr. 75 c.
Xénophon : Entretiens mémorables de Socrate, trad. française de M. Sommer, sans le texte, in-16. 1 fr. 75 c.
Caro, professeur à la Faculté des lettres de Paris. *L'idée de Dieu et ses nouveaux critiques*. 1 vol. in-12. 3 fr. 50 c.
— *Le matérialisme et la science*. 1 volume in-12. 3 fr. 50 c.
— *Etudes morales sur le temps présent*. 1 vol. in-12. 3 fr. 50 c.
— *Nouvelles études sur le temps présent*. 1 vol. in-12. 3 fr. 50 c.
— *La philosophie de Gœthe*. In-8. 5 fr.
Franck, membre de l'Institut : *Eléments de morale*, répondant aux programmes de l'enseignement spécial. 1 vol. in-12 cartonné. 2 fr. 50 c.
Garnier (Ad.). *Traité des facultés de l'âme*. 3 volumes in-12, br. 10 fr. 50 c.
Jacques, Jules Simon et Saisset. *Manuel de philosophie* ; 7e édition. 1 vol. in-8. broché. 8 fr.
Jourdain (C.), membre de l'Institut. *Notions de philosophie* ; 15e édition. In-12, broché. 4 fr. 50 c.
Jouffroy (Th.). *Cours de droit naturel*. 2 vol. in-12, br. 7 fr.

— *Mélanges philosophiques*. 1 volume in-12, br. 3 fr. 50 c.
— *Nouveaux mélanges philosophiques*. 1 volume in-12. 3 fr. 50 c.
Le Roy (Albert). *Sujets et développements de compositions françaises (dissertations philosophiques) donnés à la Sorbonne depuis 1866 jusqu'en 1874, ou proposées comme exercices préparatoires pour les examens du baccalauréat ès lettres* ; 3e édition. 1 vol. in-8, br. 4 fr. 50 c.
Levasseur, membre de l'Institut. *Cours d'économie rurale, industrielle et commerciale*, précédé de *notions d'économie politique*, et rédigé conformément aux programmes de l'enseignement spécial. 1 vol. in-12, cart. 3 fr.
Salinis (de) et Scorbiac (de), anciens directeurs du collège de Juilly. *Précis de l'histoire de la philosophie*. In-12, 2 fr.
Simon (Jules). *La liberté politique*. 1 volume in-12, br. 3 fr. 50 c.
— *La liberté civile*. 1 vol. in-12. 3 fr. 50 c.
— *La liberté de conscience*. In-12. 3 fr. 50 c.
— *L'ouvrière*. 1 vol. in-12, br. 3 f. 50 c.
— *L'ouvrier de huit ans*. In-12. 3 fr. 50 c.
— *La religion naturelle*. 1 vol. in-12. 3 f. 50 c.
— *Le devoir*. 1 vol. in-12, br. 3 fr. 50 c.
— *Manuel de philosophie*. Voir Jacques, Jules Simon et Saisset.
Taine. *Les philosophes classiques du XIXe siècle* ; 3e édition. In-12, br. 3 fr. 50 c.
— *De l'intelligence*. 2 vol. in-8, br. 15 fr.

7° SCIENCES ET ARTS

§ 1. *Arithmétique et applications diverses.*

Bertrand (Joseph). *Traité d'arithmétique* ; 4e édition conforme aux derniers programmes. In-8. 4 fr.
Bourget, directeur de l'Ecole préparatoire de Sainte-Barbe, et Housel, licencié ès sciences. *Traité d'arithmétique*, à l'usage des aspirants aux écoles du gouvernement. 1 vol. petit in-8. 3 fr.
Cirodde (P.-L.). *Leçons d'arithmétique* ; 23e édition, revue par MM. Alfred et Ernest Cirodde. In-8, broché. 4 fr.
Degranges (Edmond). *Arithmétique commerciale et pratique*. 9e édit. In-8, br. 5 fr.
— *La tenue des livres*. 29e édit. In-8. 5 fr.
— *Traité de comptabilité agricole*. In-8. 5 fr.
— *Petit traité de comptabilité agricole*, 2e édition. In-8. 3 fr.

Dupuis, proviseur du lycée de Bourges. *Tables de logarithmes* à sept décimales, d'après Callet, Véga, Bremiker, etc. Edition stéréotype contenant les logarithmes des nombres de 1 à 100 000, les logarithmes des sinus et des tangentes des arcs, calculés dans la supposition de R = 1 de seconde en seconde pour les cinq premiers degrés, et de dix secondes en dix secondes pour tous les degrés du quart de cercle, et quelques tables usuelles. 1 vol. grand in-8, cart. 10 fr.
— *Tables de logarithmes* à cinq décimales, d'après J. de Lalande. Edition stéréotype, disposée à double entrée et contenant les logarithmes des nombres de 1 à 10 000, ceux des sinus et des tangentes des arcs, calculés de minute en minute, dans la sup-

position de R = 1, et un très-grand nombre de tables usuelles, 1 vol. in-18, cartonné. 2 fr. 50 c.

Hoefer. *Histoire des mathématiques.* 1 vol. in-12, br. 4 fr.

Pichot, professeur au lycée Louis-le-Grand : *Arithmétique élémentaire*, rédigée conformément aux programmes de 1874, pour l'enseignement de l'arithmétique dans les classes de lettres. 1 vol. in-12, cart. 2 fr.

Sonnet, docteur ès sciences. *Problèmes et exercices d'arithmétique et d'algèbre* sur les principales questions relatives au commerce, à la banque, aux fonds publics, aux établissements de prévoyance, à l'industrie, aux sciences appliquées, etc. 2 vol. in-8, br. 5 fr.

— *Dictionnaire des mathématiques appliquées*, comprenant les principales applications des mathématiques : à l'architecture, à l'arithmétique commerciale, à l'arpentage, à l'artillerie, aux assurances, à la balistique, à la banque, à la charpente, aux chemins de fer, à la cinématique, à la construction navale, à la cosmographie, à la coupe des pierres, au dessin linéaire, aux établissements de prévoyance, à la fortification, à la géodésie, à la géographie, à la géométrie descriptive, à l'horlogerie, à l'hydraulique, à l'hydrostatique, aux machines, à la mécanique générale, à la mécanique des gaz, à la navigation, aux ombres, à la perspective, à la population, aux probabilités, aux questions de bourse, à la topographie, aux travaux publics, aux voies de communications, etc., etc., et l'explication d'un grand nombre de termes techniques usités dans les applications. 1 vol. grand in-8 d'environ 1500 pages contenant 1920 figures intercalées dans le texte, broché. 30 fr.
Le cartonnage se paye en sus 2 fr. 75 ; la demi-reliure en chagrin, 4 fr. 50.

Tarnier, docteur ès sciences. *Éléments d'arithmétique théorique et pratique*, à l'usage des classes de mathématiques élémentaires. 8e édition. In-8, br. 4 fr.

— *Nouvelle théorie des logarithmes*, rédigée conformément aux nouveaux programmes d'enseignement. In-8, br. 2 fr.

Tombeck (H.-E.), professeur de mathématiques au lycée Fontanes. *Traité d'arithmétique*, à l'usage des classes de sciences des lycées. 1 vol. in-8, br. 4 fr.

§ 2. *Géométrie, Arpentage, Topographie, Dessin d'imitation.*

Bos, inspecteur d'Académie. *Géométrie élémentaire*, rédigée conformément aux programmes de 1874, pour l'enseignement de la géométrie dans les classes de lettres. 1 vol. in-12, cartonné. 2 fr.

Bourget et **Housel**. *Traité de géométrie élémentaire*, à l'usage des aspirants aux aux écoles du gouvernement. 1 vol. petit in-8 avec figures, cart. 5 fr.

Briot et **Vacquant**, professeurs de mathématiques spéciales. *Arpentage, levé des plans, nivellement ;* 4e édition. 1 vol. in-12 avec figures intercalées dans le texte et des planches, br. 3 fr.
Ouvrage dont l'introduction dans les écoles est autorisée par le ministre de l'Instr. publique.

— *Éléments de géométrie*, à l'usage des classes de mathématiques élémentaires :
1º *Théorie*, par M. Briot. 6e édition. In-8, avec figures dans le texte, br. 5 fr.
2º *Application*, par MM. Briot et Vacquant ; 4e édit. 1 vol. in-8, avec figures et planches, br. 3 fr. 50 c.

Chazal, professeur de dessin au lycée Henri IV. *Modèles de dessin d'imitation*, à l'usage des lycées et des écoles. Études d'architecture, d'ornements et de figures, choisies parmi les spécimens de l'art dans les époques égyptienne, assyrienne, grecque, romaine et de la renaissance.
Trois séries de 20 planches in-folio, répondant aux programmes pour les classes de Troisième, Seconde et Rhétorique.
Chaque série de 20 planches, 15 fr.
Chaque planche séparément, 1 fr.

Ritt. *Problèmes de géométrie et de trigonométrie*, avec la méthode à suivre pour la résolution des problèmes de géométrie, et les solutions ; 6e édition. In-8, broché. 5 fr.

Sonnet (H.). *Géométrie théorique et pratique ;* 7e édition. 2 vol. in-8, texte et planches, broché. 6 fr.

— *Cours élémentaire de topographie.* 1 vol. in-12, avec figures, cartonné. 2 fr.

Tombeck. *Traité de géométrie élémentaire* à l'usage des élèves des lycées et des candidats aux écoles du gouvernement, avec de nombreux exercices ; 2e édition. 1 vol. in-8, broché. 5 fr.

— *Précis de levé des plans, d'arpentage et de nivellement.* In-8, br. 1 fr. 50

Trinquier. *La pratique de la topographie*, vulgarisée au moyen de l'échelle-rapporteur à boussole éclimètre, instrument recommandé par le Ministre de la guerre. 1 vol. in-8, avec 69 figures. 3 fr. 50 c.

3. Algèbre, Application de l'Algèbre à la Géométrie, Géométrie analytique, Géométrie descriptive, Trigonométrie.

Bertrand (Joseph), membre de l'Institut. *Traité d'algèbre :*
1re *partie*, à l'usage des classes de mathématiques élémentaires. 8e édition. 1 vol. in-8, broché. 5 fr.
2e *partie*, à l'usage des classes de mathématiques spéciales. 1 vol. in-8, br. 5 fr.

Bourget et **Housel**. *Géométrie analytique à trois dimensions.* 1 vol. in-8, br. 6 fr.

Bovier-Lapierre, professeur à l'école de Cluny. *Traité élémentaire de trigonométrie rectiligne*, rédigé sur un plan nouveau pour les classes de mathématiques élémentaires. 1 vol. in-8 avec 23 figures dans le texte, br. 2 fr. 50 c.

Briot (Ch.) et **Vacquant** *Éléments de géométrie descriptive*, comprenant les matières exigées pour l'École militaire de Saint-Cyr, pour l'Ecole navale et pour le baccalauréat ès sciences. In-8, broché, avec des figures dans le texte. 3 fr. 50 c.

Kiæs. *Traité élémentaire de géométrie descriptive :*
1re *partie*, à l'usage des classes de mathématiques élémentaires et des candidats au baccalauréat ès sciences, 5e édition. 1 vol. in-8 de texte et 1 vol. in-8 de planches, brochés. 7 fr.
2e *partie*, à l'usage des classes de mathématiques spéciales et des candidats aux Ecoles normale supérieure, polytechnique et centrale, 3e édition. 1 vol. in-8 de texte et 1 vol. in-8 de planches. 9 fr.

Pichot. *Algèbre élémentaire*, rédigée conformément aux programmes de 1874, pour l'enseignement de l'algèbre dans les classes de lettres. 1 vol. in-12, cart. 2 fr. 50 c.

Ritt. *Problèmes d'algèbre et exercices de calcul algébrique*, avec les solutions; 9e édition. 1 vol. in-8, br. 5 fr.

— *Problèmes de géométrie analytique*, avec les solutions développées; 2e édition. In-8, broché. 5 fr.

Sonnet. *Algèbre élémentaire*, avec de nombreuses applications à la géométrie; 3e édition. In-8, br. 6 fr.

— *Premiers éléments d'algèbre*, comprenant la résolution des équations du premier et du second degré, extraits du précédent ouvrage; 7e édition. 1 vol. in-12, broché. 2 fr. 50 c.

Sonnet et Frontera. *Éléments de géométrie analytique*, rédigés conformément aux derniers programmes d'admission à l'Ecole polytechnique et à l'Ecole normale supérieure; 3e édition. In-8, br. 8 fr.

Tarnier. *Eléments de trigonométrie théorique et pratique;* 4e édition. 1 vol. in-8, br. 4 fr. 50 c.

— *Petit traité d'algèbre.* In-12. 2 fr. 50 c.

Tarnier et Dieu. *Eléments d'algèbre :*
1re *partie*, à l'usage des classes de mathématiques élémentaires. In-8, br. 5 fr.
2e *partie*, à l'usage des classes de mathématiques spéciales. In-8, br. 5 fr.

Tombeck. *Traité d'algèbre élémentaire*, à l'usage des classes de mathématiques élémentaires; 4e édition. 1 volume in-8, broché. 4 fr.

— *Cours de trigonométrie rectiligne.* 2e édition. 1 volume in-8, br. 2 fr. 50 c.

— *Eléments de géométrie descriptive.* 1 volume in-8, br. 2 fr. 50 c.

Tresca, membre de l'Institut. *Traité élémentaire de géométrie descriptive*, rédigé d'après les ouvrages et les leçons de M. Th. Olivier. 1 vol. in-8 de texte et 1 vol. de planches, br. 7 fr. 50 c.

§ 4. Mécanique.

Collignon, répétiteur à l'Ecole polytechnique. *Traité de mécanique.* 4 vol. in-8 :
Première partie, *cinématique.* 1 vol. avec 338 figures dans le texte, br. 7 fr. 50 c.
Deuxième partie, *statique.* 1 vol. avec 361 fig. dans le texte, br. 7 fr. 50 c.

Troisième partie. *Dynamique.* 1 vol. avec 201 figures dans le texte, br. 7 fr. 50 c.

Quatrième partie. *Dynamique* (fin) et *mécanique des fluides.* 1 vol. avec figures dans le texte, br. 7 fr. 50 c.

SCIENCES ET ARTS. 13

Mascart, professeur au Collége de France. *Eléments de mécanique*, rédigés conformément au programme de l'enseignement scientifique dans les lycées; 2ᵉ édition. 1 vol. in-8, broché. 3 fr.

Morin (le général), membre de l'Institut. *Aide-mémoire de mécanique pratique*; 6ᵉ édit. 1 vol. in-8, br. 9 fr.
— *Notions géométriques sur les mouvements et leurs transformations*, ou éléments de cinématique; 4ᵉ édition. 1 vol. in-8, br. 5 fr.
— *Notions fondamentales de mécanique et données d'expérience*; 3ᵉ édition. 1 vol. in-8, br. 7 fr. 50 c.
— *Hydraulique*; 3ᵉ édit. 1 vol. in-8, br. 9 fr.
— *Machines et appareils destinés à l'élévation des eaux*. 1 vol. in-8. 7 fr. 50 c.
— *Résistance des matériaux*; 3ᵉ édition, 2 vol. in-8, br. 15 fr.

— *Etudes sur la ventilation et le chauffage*. 2 vol. in-8 avec des planches. 18 fr.
— *Manuel pratique du chauffage et de la ventilation*. 1 vol. in-8 avec planches. 7 fr. 50 c.

Morin et Tresca. *Machines à vapeur*. En vente : le tome 1ᵉʳ (*Production de la vapeur*). 1 vol. in-8. 9 fr.
— *Dessins coloriés pour l'enseignement de la mécanique*. 30 planches, format 0ᵐ.49 sur 0ᵐ.65, publiés sous la direction du général Morin, de l'Académie des sciences, et par les soins de M. Tresca. Prix : 40 fr.

Sonnet. *Notions de mécanique*, à l'usage des classes de mathématiques spéciales; 2ᵉ édition, 1 vol. in-8, br. 5 fr.
— *Premiers éléments de mécanique appliquée*; 4ᵉ édition, 1 vol. in-12, avec planches, br. 4 fr.

§ 5. Astronomie, Cosmographie.

Faye, inspecteur général de l'instruction publique. *Leçons de cosmographie*; 2 édition. In-8, avec planches. 6 fr.

Hoefer. *Histoire de l'astronomie*; 1 volume in-12, br. 4 fr.

Pichot. *Traité élémentaire de cosmographie* rédigé conformément aux derniers programmes de l'enseignement scientifique dans les lycées; 2ᵉ édition. 1 vol. in-8, avec 207 figures et 2 planches, br. 6 fr.
— *Cosmographie élémentaire*, rédigée conformément aux programmes de 1874, pour l'enseignement de la cosmographie dans les classes de lettres. 1 vol. in-12, avec 147 figures, cart. 2 fr. 50 c.

Tombeck. *Cours de cosmographie*. 1 vol. in-8 avec figures, br. 3 fr. 50 c.

§ 6. Physique, Chimie.

Bary, ancien professeur de physique au lycée Charlemagne. *Nouveaux problèmes de physique*; 2ᵉ édition, revue et complétée par M. L. Brion. 1 volume in-8, br. 5 fr.

Boutet de Monvel, professeur de physique et de chimie au lycée Charlemagne. *Cours de physique* à l'usage des classes de mathématiques élémentaires dans les lycées. 1 très-fort vol. in-12, avec des figures dans le texte, broché. 7 fr.
— *Notions de physique* à l'usage des classes d'humanités; 9ᵉ édition. 1 vol. in-12, avec de nombreuses figures dans le texte, broché. 3 fr. 50 c.
— *Cours de chimie* à l'usage des classes de mathématiques élémentaires dans les lycées; 7ᵉ édition. 1 vol. in-12, avec de nombreuses figures dans le texte, br. 5 fr.
— *Notions de chimie* à l'usage des classes d'humanités; 10ᵉ édit. 1 vol. in-12, avec des figures dans le texte. Prix : 2 fr. 50 c.

Dehérain, docteur ès sciences. *Cours de chimie agricole*, professé à l'Ecole d'agriculture de Grignon. 1 fort vol. grand in-8, avec figures dans le texte. 10 fr.

Hoefer (F.). *Histoire de la physique et de la chimie*. 1 vol. in-12, br. 4 fr.

Lechat, professeur au lycée Louis-le-Grand. *Notions élémentaires de chimie*, rédigées conformément aux programmes de 1874, pour l'enseignement de la chimie dans les classes de lettres. 1 vol. in-12, avec 100 figures dans le texte, br. 2 fr.

Payen, membre de l'Institut. *Précis de chimie industrielle*; 5ᵉ édition, revue et augmentée, 2 vol. in-8 de texte et 1 vol. de planches, br. 25 fr.
— *Précis théorique et pratique des substances alimentaires*. 1 vol. in-8, br. 9 fr.

SCIENCES ET ARTS.

Privat-Deschanel, proviseur du lycée de Vanves. *Traité élémentaire de physique.* 1 vol. grand in-8, avec 719 fig. intercalées dans le texte et de 3 planches en couleur tirées à part, br. 10 fr.

Privat-Deschanel et Pichot. *Notions élémentaires de physique*, rédigées conformément aux programmes de 1874 pour l'enseignement de la physique dans les classes de lettres. 1 vol. in-12 avec 719 figures dans le texte, broché. 5 fr.

Wurtz, membre de l'Institut. *Dictionnaire de chimie pure et appliquée*, comprenant : la chimie organique et inorganique, la chimie appliquée à l'industrie, à l'agriculture et aux arts, la chimie analytique, la chimie physique et la minéralogie, 2 vol. grand in-8.

L'ouvrage paraît par fascicules de 10 feuilles, du prix de 3 fr. 50. Les dix-neuf premiers fascicules sont en vente. Il n'en reste plus que trois à paraître.

Prix du tome Ier comprenant l'histoire des *Doctrines chimiques* et les lettres A à G du dictionnaire, br. 85 fr.

§ 7. Histoire naturelle.

Baillon, professeur à la Faculté de médecine de Paris. *Histoire des plantes.* L'ouvrage formera environ 8 vol. grand in-8, contenant 4000 fig. sur bois intercalées dans le texte. Les 5 premiers volumes sont en vente. Chaque volume. 25 fr.

Delafosse, professeur au Muséum d'histoire naturelle de Paris. *Précis élémentaire d'histoire naturelle* ; 11e édition. 1 vol. in-12, avec 368 figures intercalées dans le texte. 6 fr.

Gervais (Paul), membre de l'Institut. *Éléments de zoologie*, comprenant l'anatomie, la physiologie, la classification et l'histoire naturelle des animaux. Deuxième édition, accompagnée de 567 figures intercalées dans le texte et de trois planches en couleur, 1 vol. in-8, br. 8 fr.

— *Cours élémentaire d'histoire naturelle*, rédigé conformément aux programmes de 1874, pour l'enseignement de l'histoire naturelle dans les classes de lettres. 3 vol. in-12, avec de nombreuses figures intercalées dans le texte :

Zoologie (340 fig.). 1 vol. 3 fr.

Botanique (sous presse).

Géologie (en préparation).

Hoefer (F.). *Histoire de la botanique, de la minéralogie et de la géologie.* 1 vol. in-12, br. 4 fr.

— *Histoire de la zoologie.* In-12, br. 4 fr.

§ 8. Ouvrages divers.

Bouillet. *Dictionnaire universel des sciences, des lettres et des arts*, contenant, *pour les sciences* : 1° les sciences métaphysiques et morales ; 2° les sciences mathématiques ; 3° les sciences physiques et les sciences naturelles ; 4° les sciences médicales ; 5° les sciences occultes ; — *pour les lettres* : 1° la grammaire ; 2° la rhétorique ; 3° la poétique ; 4° les études historiques ; — *pour les arts* : 1° les beaux-arts ; 2° les arts utiles. 1 vol. grand in-8. 21 fr. Le cartonnage se paye en sus 2 fr. 75 c.

Menu de Saint-Mesmin (E.). *Problèmes de mathématiques et de physique*, donnés dans les Facultés des sciences, pour les examens du baccalauréat ès sciences avec les solutions raisonnées ; 3e édition. 1 vol. in-8, avec figures, br. 7 fr. 50 c.

Soubeiran (Dr), professeur à l'Ecole de pharmacie. *Hygiène élémentaire*, répondant aux programmes des lycées et des écoles normales primaires. 1 volume in-12, broché. 1 fr. 50 c.

8° ÉTUDE DE LA LANGUE LATINE

Asselin, professeur au collége Rollin. *Choix de compositions latines et françaises et de versions latines* à l'usage des candidats au baccalauréat ès lettres : sujets et texte. 1 vol. in-8, br. 2 fr. 50 c.

— *Choix de dissertations françaises et latines, de vers et de thèmes grecs*, à l'usage des candidats à la licence ès lettres : sujets et développements. 1 vol. in-8. 5 fr.

— *Compositions française et latines*, à l'usage des lycées, des colléges et des établissements d'instruction secondaire. 1 vol. in-8. 6 fr.

Auteurs latins (les) expliqués d'après une méthode nouvelle par deux traductions françaises, l'une littérale et *juxtalinéaire*, présentant le mot à mot français en regard des mots latins corres-

LANGUE LATINE.

pondants; l'autre correcte et précédée du texte latin, avec des sommaires et des notes en français, par une société de professeurs et de latinistes. Format in-12, broché.

Cette collection comprend les principaux auteurs qu'on explique dans les classes.

César: Guerre des Gaules, 2 vol.   9 fr.
Chaque volume se vend séparément.
— Guerre civile. Livre 1er.   2 fr. 25 c.
Cicéron: Brutus.   4 fr.
— Catilinaires (les quatre).   2 fr.
— Des devoirs.   6 fr.
— Dialogue sur l'Amitié.   1 fr. 25 c.
— — sur la Vieillesse.   1 fr. 25 c.
— Discours pour la loi Manilia. 1 fr. 50 c.
— — pour Ligarius.   75 c.
— — pour Marcellus.   75 c.
— — sur les Statues.   3 fr.
— — sur les Supplices.   3 fr.
— Plaidoyer pour Archias.   90 c.
— — pour Milon.   1 fr. 50 c.
— — pour Murena.   2 fr. 50 c.
— Songe de Scipion.   50 c.
Cornelius Nepos: Vie des grands capitaines.   5 fr.
Heuzet: Histoires choisies des écrivains profanes, 2 vol.   12 fr.

On vend séparément :

Chacun des deux volumes.   6 fr.
Livre I.   1 fr.
Livre II.   1 fr. 25 c.
Livre III.   5 fr.
Livre IV.   3 fr. 50 c.
Livre V.   4 fr.
Horace: Art poétique.   75 c.
— Epitres.   2 fr.
— Odes et Epodes. 2 vol.   4 fr. 50 c.
Le Ier et le IIe livre des Odes.   2 fr.
Le IIIe et le IVe livre des Odes et les Epodes.   2 fr. 50 c.
— Satires.   2 fr.
Justin: Histoires philippiques. 2 v. 12 fr.
Lhomond: Abrégé de l'histoire sainte. 3 fr.
— Sur les hommes illustres de la ville de Rome.   4 fr. 50 c.
Lucrèce: Morceaux choisis de M. Poyard. Prix   3 fr. 50 c.
Ovide: Choix des métamorphoses.   6 fr.
Phèdre: Fables.   2 fr.
Plaute: Aululaire.   1 fr. 75 c.
Quinte-Curce: Histoire d'Alexandre le Grand. 2 vol.   12 fr.
Chaque volume se vend séparément.   6 fr
Salluste: Catilina.   1 fr. 50 c.
— Jugurtha.   3 fr. 50 c.
Tacite: Annales, 4 vol.   18 fr.
Chaque volume se vend séparément.

— Germanie (la).   1 fr.
— Vie d'Agricola.   1 fr. 75 c.
Térence: Adelphes.   2 fr.
— Andrienne.   2 fr. 50 c.
Virgile: Bucoliques (les).   1 fr.
— Énéide : 4 volumes   16 fr.
Chaque volume séparément.   4 fr.
Chaque livre séparément.   1 fr. 50 c.
— Géorgiques (les).   2 fr.

Bloume. *Une première année de latin*, ouvrage contenant tous les exercices et les devoirs français-latins et latins-français d'une première année d'études classiques, avec un exposé de la méthode et des procédés pédagogiques les plus sûrs et les plus rapides pour enseigner les éléments de la langue latine, à l'usage des professeurs et des élèves des classes élémentaires; 6e édition. 1 vol. in-12, cartonné.   2 fr.

Chassang, inspecteur général de l'instruction publique. *Modèles de composition latine*, comprenant des exercices préparatoires, des fables, des lettres, des dialogues, des descriptions, des portraits et des lieux communs ou dissertations, avec des arguments, des notes et des préceptes sur chaque genre de composition, à l'usage des aspirants au baccalauréat ès lettres. In-12, cart.   2 fr.
Le même ouvrage, suivi de la traduction française. In-12, br.   5 fr.

Classiques latins, nouvelle collection, format petit in-16, publiée avec des notices, des arguments analytiques et des notes en français.

Ces éditions se recommandent par la pureté du texte, la concision des notes, la commodité du format et l'élégance du cartonnage.

Cicero : Analyse et extraits des principaux discours, à l'usage de la rhétorique (F. Ragon, ancien inspecteur général de l'Université).   2 fr. 50 c.
— De finibus bonorum et malorum, libri I et II (E. Charles).   1 fr. 50 c.
— De republica (E. Charles). 1 fr. 50 c.
— Orator (C. Aubert).   1 fr.
— Pro Archia poeta (Noël, professeur au lycée de Versailles).   30 c.
— Pro lege Manilia (le même).   30 c.
— Pro Marcello (le même).   30 c.
Cornelius Nepos (Mouginot, professeur au lycée Fontanes).   90 c.
Heuzet : Selectæ e profanis scriptoribus, historiæ (J. Lemaire).   1 fr. 75 c.
Jouvency : Appendix de Diis et heroibus (Edeline).   70 c.
Lhomond : De viris illustribus urbis Romæ (Chaine).   1 fr. 10 c.

ÉTUDE DE LA LANGUE LATINE.

— Epitome historiæ sacræ (Pressard, prof^r au lycée Louis-le-Grand). 60 c.
Lucrèce : Morceaux choisis (Poyard, professeur au lycée Henri IV). 1 fr. 50 c.
Pères de l'église latine : Morceaux choisis (Nourrisson). 2 fr. 25 c
Phèdre : Fables (Talbert, directeur du collége Rollin). 80 c.
Plaute : Morceaux choisis (Benoist, prof. à la Faculté des lettres de Paris). 2 fr.
— L'Aululaire (Benoist). 80 c.
Virgile (Benoist). 2 fr. 25 c.
Le même ouvrage, sans notes. 2 fr.

Classiques latins, format in-12. Éditions publiées avec des notes en français, par les auteurs dont les noms sont indiqués entre parenthèses.
Cicero : De amicitia (Legouëz). 30 c.
— De officiis (H. Marchand). 1 fr.
— De oratore (Bétolaud). 1 fr. 50 c.
— De senectute (Paret). 30 c.
— Epistolæ selectæ (Sommer). 60 c.
— In Catilinam orationes quatuor (Sommer). 50 c.
— In Verrem oratio de signis (J. Thibault). 50 c.
— In Verrem oratio de suppliciis (O. Dupont). 50 c.
— Pro Ligario (Materne). 30 c.
— Pro Milone (Sommer). 30 c.
— Pro Murena (J. Thibault). 30 c.
— Tusculanarum quæstionum libri V (Jourdain). 1 fr. 50 c.
Conciones (F. Colincamp). 2 fr. 50 c.
Horatius (Sommer). 2 fr.
Justinus : Historiæ philippicæ (Pessonneaux). 1 fr. 50 c.
Lucain : La Pharsale (Naudet). 2 fr.
Narrationes (selectæ) e scriptoribus latinis (Chassang). 2 fr. 25 c.
Ovidius : Selectæ fabulæ ex libris metamorphoseon (G. Lesage). 1 fr. 40 c.
Pline l'Ancien : Morceaux extraits de l'histoire naturelle, par Guéroult (Chassang). 1 fr. 50 c.
Quintus Curtius (G. Lesage). 1 fr. 75 c.
Sallustius (Croiset). 1 fr.
Sénèque : Choix de lettres morales à Lucilius (Sommer). 1 fr. 25 c.
Terentius : Adelphi (Bétolaud). 80 c.
Titus Livius : Narrationes selectæ et res memorabiles (Sommer). 1 fr. 40 c.
Voir ci-dessus *Classiques latins* (nouvelle collection, format petit in-16).

Delestrée. *Recueil de 180 versions latines* dictées à la Sorbonne pour les examens du baccalauréat ès lettres de 1869 à 1875. 2 vol. in-12, *textes et traductions,* br. 3 fr.

— *Recueil de compositions françaises,* pour préparer au discours latin les candidats au baccalauréat ès lettres. In-8. 2 fr. 50 c.

Éditions à l'usage des professeurs. Textes latins publiés d'après les travaux les plus récents de la philologie, avec des commentaires critiques et explicatifs des introductions et des notices. Format grand in-8, br.

EN VENTE :

Cornelius Nepos, par M. Monginot, professeur au lycée Fontanes. 1 vol. 6 fr.
Tacite : Annales, livres I-VI, par M. Jacob, professeur au lycée Saint-Louis, 1 vol. 7 fr. 50 c.
Virgile, par M. Benoist, professeur à la faculté des lettres de Paris. 3 vol. :
Bucoliques et Géorgiques. 1 vol. 7 fr. 50 c.
Enéide, 2 vol. 15 fr.
Sous presse : *César ; Tacite,* tomes II et suivants.

Le Roy. *Sujets et développements de compositions latines données dans les Facultés,* de 1858 à 1874, pour l'examen du baccalauréat ès lettres. (Discours, lettres, dialogues, narrations, dissertations.) 4e édition. 1 vol. in-8, br. 3 fr. 50 c.

— *Sujets et développements de compositions* données dans les facultés, de 1860 à 1873, ou proposées comme exercices préparatoires pour les examens de la licence ès lettres. (Dissertations latines, dissertations françaises, vers latins, thèmes grecs, avec des observations de M. Dübner.) 2e édition. 1 vol. in-8, br. 4 fr.

Lhomond. *Eléments de la grammaire latine.* In-12, cart. 80 c.

Marais et Le Roy. *Recueil de versions latines* dictées dans les Facultés pour l'examen du baccalauréat ès sciences, et accompagnées de notes et de notices. Textes et traductions; 2e édition augmentée. 2 vol. in-8. 6 fr.
Chaque volume se vend séparément. 3 fr.

Méthode uniforme pour l'enseignement des langues, par M. E. Sommer :
Abrégé de grammaire latine, à l'usage des classes de huitième, septième et sixième. In-12, cart. 1 fr. 25 c.
Questionnaire sur l'abrégé de grammaire latine. In-12, cart. 50 c.
Exercices sur l'abrégé de grammaire latine. In-12. 1 fr. 25 c.
Corrigé desdits exercices. In-12. 1 fr. 50 c.
Cours de versions latines. 1re partie à l'usage des classes de huitième et de septième. 1 vol. in-12, cart. 1 fr.
Corrigé du cours de versions latines. 1re partie. 1 vol. in-12. 1 fr. 25 c.
Cours de versions latines. 2e partie, à l'usage des classes de sixième et de cinquième. 1 vol. in-12, cart. 1 fr.

ÉTUDE DE LA LANGUE LATINE.

Corrigé du cours de versions latines, 2e partie. In-12. 1 fr. 25 c.
Cours complet de grammaire latine, à l'usage des établissements d'instruction secondaire. 1 vol. in-8, cart. 2 fr. 50 c.
Exercices sur le cours complet de grammaire latine. In-8, cart. 2 fr. 50 c.
Corrigé desdits exercices. In-8, br. 3 fr.
Voir pages 5 et 20 pour les *langues française et grecque*.

Nisard (Désiré), de l'Académie française. *Études de mœurs et de critique sur les poètes de la décadence*; 3e édition, 2 volumes in-12, br. 7 fr.

Noël. *Dictionnaire français-latin*; nouvelle édition revue avec soin par M. Pessonneaux, professeur au lycée Henri IV. 1 vol. grand in-8, cart. 8 fr.
— *Dictionnaire latin-français*; nouvelle édition, revue avec soin par M. Pessonneaux. 1 vol. grand in-8, cart. 8 fr.
— *Gradus ad Parnassum*, ou dictionnaire poétique latin-français; nouv. édition, revue avec soin par M. de Parnajon, professeur au lycée Henri IV. 1 vol. grand in-8, cart. 8 fr.

Paret et Legouëz. *Choix gradué de versions latines* avec des arguments et des notes. Recueil destiné à amener dans les classes la suppression des dictées et à faciliter le travail des élèves et des professeurs. 8 vol. in-8, contenant chacun 100 ou 150 devoirs à l'usage de toutes les classes depuis la huitième jusqu'à la rhétorique inclusivement.
Chaque volume. 2 fr.
Chaque volume se vend broché ou disposé en feuillets séparés et tout prêts à être distribués aux élèves.

Patin, de l'Académie française. *Études sur la poésie latine*. 2 vol. in-12. 7 fr.

Pères de l'Église latine. *Morceaux choisis*, d'après les Lectures publiées par M. Nourrisson, membre de l'Institut, avec des notices, des sommaires et des notes. 1 vol. petit in-16, cart. 2 fr. 25 c.

Pierron. *Histoire de la littérature romaine*; 6e édition. 1 vol. in-12; br. 4 fr.

Pierrot-Deseilligny (J.), *Choix de compositions françaises et latines*, ou narrations, scènes, discours, lieux communs, développements historiques, vers latins, des meilleurs élèves de l'Université moderne, avec les matières ou les arguments. Recueil publié par J. Pierrot-Deseilligny; 5e édition, revue et augmentée, par M. Julien Girard, proviseur du lycée Louis-le-Grand. 1 fort vol. in-8. » »

Quicherat (L.), membre de l'Institut *Dictionnaire français-latin*, composé sur le plan du Dictionnaire latin-français et tiré des auteurs classiques pour la langue commune, des auteurs spéciaux pour le langue technique, des Pères de l'Église pour la langue sacrée et du Glossaire de Du Cange pour la langue du moyen âge. 1 vol. grand in-8. Prix, cartonné en toile. 9 fr. 50 c.
— *Nouvelle prosodie latine*. In-12, cart. 1 fr.
Autorisé par le Conseil de l'Instr. publique.
— *Thesaurus poeticus linguæ latinæ*, ou dictionnaire prosodique et poétique de la langue latine. 1 vol. grand in-8, cartonné en toile. 8 fr. 50 c.
— *Traité de versification latine*, à l'usage des classes supérieures des lettres; 22e édition. 1 vol. in-12, cart. 3 fr.

Quicherat et Daveluy. *Dictionnaire latin-français*, rédigé sur un nouveau plan et contenant plus de quinze cents mots qu'on ne trouve dans aucun lexique publié jusqu'à ce jour. Suivi d'un *Vocabulaire latin-français des noms propres de la langue latine*, par M. L. Quicherat. Gr. in-8, cartonné en toile. 9 fr. 50 c.

Rollin. *Maximes tirées de l'Écriture sainte* (Ancien et Nouveau Testament): texte latin, publié avec des sommaires en français. In-18, cart. 60 c.

Sommer. *Lexique français-latin*, à l'usage des classes élémentaires, extrait du Dictionnaire français-latin de M. Quicherat, et augmenté de toutes les formes irrégulières et difficiles. In-8, cart. 3 fr. 75 c.
— *Lexique latin-français*, à l'usage des classes élémentaires, extrait du Dictionnaire latin-français de MM. Quicherat et Daveluy, et augmenté de toutes les formes de mots irréguliers ou difficiles. In-8, cart. 3 fr. 75 c.
Voir *Méthode uniforme pour l'enseignement des langues*, pages 5, 16, 20, 22, 23 et 24.

Traductions françaises des chefs-d'œuvre de la littérature latine, sans le texte latin, à 3 fr. 50 c. le volume format in-12:
Le nom des traducteurs est indiqué entre parenthèses.

Horace (Jules Janin), 1 vol.
Juvénal et Perse (E. Despois), 1 vol.
Plaute (E. Sommer), 2 vol.
Sénèque (J. Baillard), 2 vol.
Tacite (J.-L. Burnouf), 1 vol.
Tite-Live (Gaucher), 4 vol.
Virgile (Cabaret-Dupaty), 1 vol.

9° ÉTUDE DE LA LANGUE GRECQUE ANCIENNE

Alexandre (C.), membre de l'Institut. *Dictionnaire grec-français*, composé sur un nouveau plan; 13ᵉ édition avec un *Vocabulaire grec-français des noms propres de la langue grecque*, par A. Pillon. 1 vol. grand in-8, cart. en toile. 15 fr.

— *Abrégé du dictionnaire grec-français*, contenant tous les mots indistinctement et toutes les formes difficiles de la Bible, de l'Iliade et des auteurs qu'on explique dans les classes inférieures, par le même auteur. 1 vol. gr. in-8, cart. 7 fr. 50 c.

— *Méthode pour faire les thèmes grecs*, d'après la syntaxe de Burnouf, combinée avec celle de Lhomond. In-12, cart. 2 fr.

Alexandre, Planche et Defaucoupret. *Dictionnaire français-grec.* In-8, cart. en toile. 15 fr.

Autorisé par le Conseil de l'Instr. publique.

Auteurs grecs (les) expliqués d'après une méthode nouvelle, **par deux traductions françaises**, l'une littérale et *juxtalinéaire*, présentant le mot à mot français en regard des mots grecs correspondants, l'autre correcte et précédée du texte grec, avec des sommaires et des notes en français, par une société de professeurs et d'hellénistes. Format in-12, broché.

Cette collection comprend les principaux auteurs qu'on explique dans les classes.

Aristophane : Morceaux choisis de M. Poyard. 6 fr.
— Plutus. 2 fr. 25 c.
Aristote : Poétique. » »
Babrius : Fables. 4 fr.
Basile (S.) : De la lecture des auteurs profanes. 1 fr. 25 c.
— Contre les usuriers. 75 c.
— Observe-toi toi-même. 90 c.
Chrysostome (S. Jean) : Homélie en faveur d'Eutrope. 60 c.
— Homélie sur le retour de l'évêque Flavien. 1 fr.
Démosthène : Discours contre la loi de Leptine. 3 fr. 50 c.
— Discours pour Ctésiphon ou sur la couronne. 3 fr. 50 c.
— Harangue sur les prévarications de l'ambassade. 6 fr.
— Olynthiennes (les trois). 1 fr. 50 c.
— Philippiques (les quatre). 2 fr.
Eschine : Discours contre Ctésiphon. 4 fr.
Eschyle : Prométhée enchaîné. 3 fr.
— Sept (les) contre Thèbes. 1 fr. 50 c.
Esope : Fables choisies. 1 fr. 25 c.

Euripide : Electre. 3 fr.
— Hécube. 2 fr.
— Hippolyte. 3 fr. 50 c.
— Iphigénie en Aulide. 3 fr.
Grégoire de Nazianze (S.) : Eloge funèbre de Césaire. 1 fr. 25 c.
— Homélie sur les Machabées. 90 c.
Grégoire de Nysse (S.) : Contre les usuriers. 75 c.
— Eloge funèbre de saint Mélèce. 75 c.
Hérodote : Morceaux choisis. » »
Homère : Iliade. 6 volumes. 20 fr.
Chaque volume séparément. 3 fr. 50 c.
Chaque chant séparément. 1 fr.
— Odyssée. 6 vol. 24 fr.
Chaque volume séparément. 4 fr.
Isocrate : Archidamus. 1 fr. 50 c.
— Eloge d'Evagoras. 1 fr.
— Panégyrique d'Athènes. 2 fr. 50 c.
— Conseils à Démonique. 75 c.
Luc (S.) : Evangile. 3 fr.
Lucien : Dialogues des morts. 2 fr. 25 c.
— De la manière d'écrire l'histoire. 2 fr.
Pères grecs (ch. de disc. tirés des). 7 fr. 50
Pindare : Isthmiques (les). 2 fr. 50 c.
— Néméennes (les). 3 fr.
— Olympiques (les). 3 fr. 50 c.
— Pythiques (les). 3 fr. 50 c.
Platon : Alcibiade (le 1ᵉʳ). 2 fr. 50 c.
— Apologie de Socrate. 2 fr.
— Criton. 1 fr. 25 c.
— Gorgias. 6 fr.
— Phédon. 5 fr.
Plutarque : De la lecture des poëtes. 3 fr.
— Vie d'Alexandre. 3 fr.
— Vie d'Aristide. 2 fr.
— Vie de César. 2 fr.
— Vie de Cicéron. 3 fr.
— Vie de Démosthène. 2 fr. 50 c.
— Vie de Marius. 3 fr.
— Vie de Pompée. 5 fr.
— Vie de Solon. 3 fr.
— Vie de Sylla. 3 fr.
— Vie de Thémistocle. 2 fr.
Sophocle : Ajax. 2 fr. 50 c.
— Antigone. 2 fr. 25 c.
— Electre. 3 fr.
— Œdipe à Colone. 2 fr.
— Œdipe roi. 1 fr. 50 c.
— Philoctète. 2 fr. 50 c.
— Trachiniennes (les). 2 fr. 50 c.
Théocrite : Œuvres complètes. 7 fr. 50 c.
Thucydide : Guerre du Péloponèse :
Livre I. 6 fr.
Livre II. 5 fr.

ÉTUDE DE LA LANGUE GRECQUE ANCIENNE. 19

Xénophon : Anabase (les 7 liv.), 2 v. 12 fr.
  Chaque livre séparément. 2 fr.
— Apologie de Socrate. 50 c.
— Cyropédie, livre I. 1 fr. 25 c.
—   —   livre II. 1 fr. 25 c.
— Entretiens mémorables de Socrate (les quatre livres). 7 fr. 50 c.

Classiques grecs, nouvelle collection, format petit in-16, publiée avec des notices, des arguments analytiques et des notes en français.
Ces éditions se recommandent par la pureté du texte, la concision des notes, la commodité du format et l'élégance du cartonnage.

Aristophane : Morceaux choisis (Poyard, professeur au lycée Henri IV). 2 fr.
Aristote : Poétique (Egger, membre de l'Institut). 1 fr.
Démosthène. Sept Philippiques (H. Weil, doyen de la faculté des lettres de Besançon). 1 fr. 50 c.
— Les trois Olynthiennes (Weil). 60 c.
Élien : Morceaux choisis (J. Lemaire, prof. à Louis-le-Grand). 1 fr. 10 c.
Épictète : Manuel (Thurot, membre de l'Institut). 1 fr.
Euripide : Hippolyte (H. Weil). 1 fr.
— Hécube (Weil). 1 fr.
— Iphigénie à Aulis (Weil). 1 fr.
— Morceaux choisis (Weil). 2 fr.
Hérodote : Morceaux choisis (Tournier). 1 vol. 2 fr.
Homère : Iliade (A. Pierron, professeur au lycée Louis-le-Grand). 3 fr. 50 c.
  Le même ouvrage, sans notes. 2 fr.
— Morceaux choisis de l'Iliade (A. Pierron). 2 fr.
Lucien : De la manière d'écrire l'histoire (Lehugeur). 75 c.
— Morceaux choisis (Talbot, professeur au lycée Fontanes). 2 fr.
Platon : République, 7e livre (Aubé, professeur au lycée Fontanes). 1 fr. 50
— Morceaux choisis (Poyard). 2 fr.
Plutarque : Morceaux choisis des biographies (Talbot). 2 vol. :
  1° les Grecs. 1 vol. 2 fr.
  2° les Romains. 1 vol. 2 fr.
— Morceaux choisis des œuvres morales (V. Bétolaud). 1 vol. 2 fr.
Sophocle : Théâtre (Tournier, docteur ès lettres). Ajax; — Antigone; — Électre; — Œdipe à Colone; — Œdipe roi; — Philoctète; — Trachiniennes. Chaque tragédie. 1 fr.
  Le même théâtre, sans notes. 2 fr.
— Morceaux choisis (Tournier). 2 fr.
Xénophon : Morceaux choisis (de Parnajon, professeur au lycée Henri IV). 2 fr.

Classiques grecs, format in-12. Éditions publiées avec des notes en français, par les auteurs dont les noms sont indiqués entre parenthèses.

Aristophane : Plutus (Ducasau). 1 fr.
Babrius : Fables (Th. Fix). 60 c.
Basile (S.) le Grand : Discours sur la lecture des auteurs profanes (Sommer). 50 c.
— Homélie sur le précepte : Observe-toi toi-même (Sommer). 30 c.
Chrysostome (S. Jean) : Discours sur le retour de l'évêque Flavien (Sommer). 40 c.
— Homélie en faveur d'Eutrope (Sommer). 30 c.
Démosthène : Discours contre la loi de Leptine (Stiévenart). 90 c.
— Discours pour Ctésiphon ou sur la Couronne (Sommer). 1 fr. 25 c.
— Harangue sur les prévarications de l'ambassade (Stiévenart). 1 fr. 10 c.
— Philippiques (les) (Materne). 90 c.
Eschyle : Sept (les) contre Thèbes (Materne). 1 fr.
Ésope : Fables choisies (Sommer). 1 fr.
Euripide : Électre (Th. Fix). 1 fr.
Grégoire (S.) de Nazianze. Homélie sur les Machabées (Sommer). 40 c.
Hérodote : Livre premier, Clio (Sommer). 1 fr. 50 c.
Homère : Odyssée (Sommer). 3 fr. 50 c.
Isocrate : Archidamus (Leprévost). 50 c.
— Éloge d'Évagoras (Sommer). 50 c.
— Panégyrique d'Athènes (Sommer). 80 c.
Lucien : Dialogues des morts (Pessonneaux). 1 fr.
— Nigrinus (C. Leprévost). 40 c.
— Songe (le) ou sa Vie (Leprévost). 40 c.
Pères grecs : Choix de discours (Sommer). 1 fr. 75 c.
Pindare : Isthmiques (les) (Fix et Sommer). 60 c.
— Néméennes (les) (id.). 90 c.
— Olympiques (les) (id.). 1 fr. 50 c.
— Pythiques (les) (id.). 1 fr. 50 c.
Platon : Alcibiade (le premier). 65 c.
— Alcibiade (le second) (Mablin). 50 c.
— Apologie de Socrate (Talbot). 60 c.
— Criton (Waddington Kastus). 50 c.
— Gorgias (Sommer). 1 fr. 50 c.
— Phédon (Sommer). 60 c.
Plutarque : De la lecture des poëtes (Ch. Aubert). 75 c.
— De l'éducation des enfants (C. Bailly). 75 c.
— Vie d'Alexandre (Bétolaud). 1 fr.
— Vie d'Aristide (Talbot). 1 fr.
— Vie de César (Materne). 1 fr.
— Vie de Cicéron (Talbot). 1 fr.
— Vie de Démosthène (Sommer). 1 fr.
— Vie de Pompée (Druon). 1 fr.
— Vie de Solon (Deltour). 1 fr.
— Vie de Thémistocle (Sommer). 1 fr.

ÉTUDE DE LA LANGUE GRECQUE ANCIENNE.

Théocrite : Idylles choisies (L. Renier).
Prix : 1 fr. 25 c.
Thucydide : Guerre du Péloponèse :
Livre I (Legouëz). 1 fr. 60 c.
Livre II (Sommer). 1 fr. 60 c.
Xénophon : Anabase, les sept livres (de Parnajon). 3 »
Chaque livre séparément. 75 c.
— Cyropédie, Ier livre (Huret). 75 c.
— Cyropédie, IIe livre (Huret). 75 c.
— Entretiens mémorables de Socrate (Sommer). 2 fr.

Dübner. *Lexique français-grec,* à l'usage des classes élémentaires. 1 vol. in-8, cartonné. 6 fr.
— *Lhomond grec,* ou premiers éléments de la grammaire grecque. 1 vol. in-8, cartonné. 4 fr. 50 c.
— *Exercices* ou versions et thèmes sur les premiers éléments de la grammaire grecque, précédés d'un traité élémentaire d'accentuation. In-8. 2 fr.
— *Corrigé des exercices.* In-8. 1 fr.

Editions à l'usage des professeurs. Textes grecs, publiés d'après les travaux les plus récents de la philologie, avec des commentaires critiques et explicatifs et des notices. Format grand in-8, br.

EN VENTE :

Démosthène : Les harangues, par M. H. Weil, doyen de la faculté des lettres de Besançon. 1 vol. 7 fr. 50
Euripide : Sept tragédies, par M. H. Weil. 1 vol. 12 fr.
Homère : L'Iliade, par M. A. Pierron. 2 vol. 16 fr.
— L'Odyssée, par M. A Pierron. 2 vol. Prix. 16 fr.
Sophocle, par M. Tournier, maître de conférences à l'Ecole normale. 1 vol. 12 fr.
Sous presse : *Homère,* Odyssée.

Lancelot. *Le jardin des racines grecques,* réunies par Claude Lancelot et mises en vers par Le Maistre de Saci. Nouvelle édition, augmentée 1º d'un traité de la formation des mots grecs, 2º d'un grand nombre de racines nouvelles et des principaux dérivés ; 3º d'un nouveau dictionnaire des mots français tirés du grec, par M. Ad. Regnier, professeur honoraire de rhétorique au lycée Charlemagne. In-12, cartonné. 3 fr.

Luc (saint). *Evangiles.* In-18, cart. 70 c.

Méthode uniforme pour l'enseignement des langues, par M. E. Sommer :
Abrégé de la grammaire grecque, à l'usage des classes de sixième et de cinquième. In-12, cartonné. 1 fr. 50 c.
Questionnaire sur l'abrégé de grammaire grecque. In-12, cart. 60 c.
Exercices sur l'abrégé de grammaire grecque. In-12, cart. 1 fr. 50 c.
Corrigé desdits exercices. In-12. 2 fr.
Cours de versions grecques, 1re partie à l'usage des classes de sixième et de cinquième. 1 vol. in-12, cart. 1 fr.
Corrigé des versions grecques, 1re partie, in-12. 1 fr. 25 c.
Cours de versions grecques. 2e partie à l'usage des classes de cinquième et de quatrième. 1 vol. in-12, cart. 1 fr.
Corrigé des versions grecques, 2e partie. 1 vol. in-12. 1 fr. 25 c.
Cours de thèmes grecs, par M. de Parnajon. 1 vol. in-12, cartonné. 1 fr. 50 c.
Corrigé des thèmes grecs, par le même. 1 vol. in-12. 2 fr.
Cours complet de grammaire grecque, à l'usage des établissements d'instruction secondaire. 1 vol. in-8, cartonné. 3 fr.
Exercices sur le cours complet de grammaire grecque. In-8, cart. 3 fr.
Corrigé desdits. In-8. 3 fr. 50 c.
Voir pages 5 et 16 pour les *langues française et latine.*

Ozaneaux. *Nouveau dictionnaire français-grec,* avec la collaboration de M. Roger et de M. Ebling. In-8, cart. 15 fr.

Patin, de l'Académie française. *Etudes sur les tragiques grecs,* ou examen critique d'Eschyle, de Sophocle et d'Euripide, précédé d'une histoire générale de la tragédie grecque. 4 vol. in-12. 14 fr.

Pierron. *Histoire de la littérature grecque ;* 6e édition. 1 vol. in-12, br. 4 fr.

Pères grecs (Choix de discours tirés des), par L. de Sinner, comprenant : 1º *Saint Basile :* de la Lecture des auteurs profanes. — Observe-toi toi-même — Contre les usuriers ; — 2º *Saint Grégoire de Nysse :* Contre les usuriers ; Eloge funèbre de saint Mélèce. — 3º *Saint Grégoire de Nazianze :* Eloge funèbre de Césaire ; Homélie sur les Machabées. — 4º *Saint Jean Chrysostome :* Homélie sur le retour de l'évêque Flavien ; Homélie en faveur d'Eutrope. Nouvelle édition publiée avec des arguments et des notes en français, par M. Sommer, agrégé des classes supérieures, docteur ès lettres. In-12, cartonné. 1 fr. 75 c.
Autorisé par le Conseil de l'Instr. publique.

Planche. *Dictionnaire grec-français,* refondu entièrement par Vendel-Heyl et A. Pillon. Nouvelle édition augmentée d'un vocabulaire des noms propres, historiques, mythologiques et géographiques, par A. Pillon. 1 vol. grand in-8, cartonné. 9 fr. 50 c.
Le *vocabulaire,* séparément. 2 fr. 50 c.

Quicherat (L.). *Premiers exercices de tra-*

ÉTUDE DE LA LANGUE GRECQUE ANCIENNE. 21

duction grecque (chrestomathie), extraits des auteurs classiques, avec un lexique. Grand in-18, cart. 1 fr. 25 c.
— *Traduction française* des exercices. Grand in-18, broché. 1 fr. 25 c.
Sommer. *Lexique grec-français*, à l'usage des classes élément. 1 vol. in-8, cart. 6 fr.
Voir *Méthode uniforme pour l'enseignement des langues*, pages 5, 16, 20, 22, 23 et 24.
Traductions françaises des chefs-d'œuvre de la littérature grecque, sans le texte grec, à 3 fr. 50 c. le volume, format in-12 : Le nom des traducteurs est indiqué entre parenthèses.

Anthologie grecque. 2 vol.
Aristophane (C. Poyard), 1 vol.
Diodore de Sicile (F. Hœfer), 4 vol.
Eschyle (Ad. Bouillet), 1 vol.
Hérodote (P. Giguet), 1 vol.
Homère (P. Giguet), 1 vol.
Lucien (E. Talbot), 2 vol.
Plutarque, Vies des hommes illustres (E. Talbot), 4 vol.
— Œuvres morales (Bétolaud), 5 vol.
Strabon (A. Tardieu), 3 vol.
Thucydide (E. Bétant), 1 vol.
Xénophon (E. Talbot), 2 vol.

10° ÉTUDE DES LANGUES VIVANTES

1° LANGUE ALLEMANDE

Bacharach. *Grammaire allemande*, à l'usage des classes supérieures. In-12. 3 f. 75 c.
— *Grammaire abrégée de la langue allemande*, à l'usage des classes élémentaires. 1 vol. in-12, cart. 1 fr. 80 c.
— *Cours de thèmes allemands*, accompagnés de vocabulaires, In-12, cart. 3 fr. 25 c.
Chasles et Eguémann. *Les mots et les genres de la langue allemande.* 1 volume in-8, cartonné. 2 fr. 50 c.
Chamisso, *Peter Schlémihl.* Texte allemand, annoté par M. Koell, professeur au lycée Charlemagne. 1 vol. petit in-16, cartonné. 1 fr.
Le même ouvrage, en français, 1 volume petit in-16, broché. 1 fr. 50 c.
Contes et morceaux choisis de Schmid. Krummacher, Liebeskind, Lichtwer, Hebel, Herder et Campe. Nouveau recueil publié avec des notices et des notes, par M. Scherdlin, professeur au lycée Louis-le-Grand. 1 vol. petit in-16, cartonné. 2 fr.
Contes populaires tirés de Grimm, Musæus, Andersen et des feuilles de palmier **par Herder et Liebeskind**, et publiés avec des notices et des notes par M. Scherdlin. 1 vol. petit in-16, cartonné. 3 fr.
Desfeuilles. *Abrégé de grammaire allemande.* In-12, cart. 1 fr. 50 c.
— *Exercices* sur l'abrégé de grammaire allemande. In-12, cart 1 fr. 50 c.
— *Corrigé* des exercices. In-12, cart. 2 fr.
Eichhoff, inspecteur de l'académie de Paris. *Cours de versions allemandes*, étude préparatoire aux *Morceaux choisis* du même auteur. 1 vol. in-12, cart. 2 fr.

— *Morceaux choisis* en prose et en vers des classiques allemands, publiés pour répondre aux derniers programmes des lycées et du baccalauréat. 3 vol. in-12, cartonnés :
Ier vol. : Cours de Troisième. 1 fr. 50 c.
IIe vol. : Cours de Seconde. 2 fr. 50 c.
IIIe vol. : Cours de Rhétorique. 3 fr.
— *Cours de thèmes allemands*, précédés d'un résumé de grammaire. 1 vol. in-12, cart. 2 f.
Gœthe. *Hermann et Dorothée.* Texte allemand publié avec des notes par M. Lévy, inspecteur général de l'enseignement des langues vivantes. 1 vol. in-12, cart. 1 fr. 25 c.
Le même ouvrage, traduction française, par M. Lévy, avec le texte allemand et des notes. 1 vol. in-12. 2 fr.
Le même ouvrage, traduction *juxtalinéaire*, par M. Lévy. 1 vol. in-12, broché. 3 fr. 50 c.
— *Iphigénie en Tauride.* Texte allemand, publiée avec une introduction et des notes par M. Lévy. 1 vol. in-16, cart. 2 fr.
Le même ouvrage, traduction française, par M. Lévy, avec le texte allemand et des notes. 1 vol. in-12. 2 fr. 50 c.
— *Le Tasse.* Texte allemand, publié avec un avant-propos, un argument et des notes, par M. Lévy. 1 vol. petit in-16, cartonné. 2 fr.
— *Campagne de France et siège de Mayence.* Texte allemand; publié avec sommaires et notes par M. Lévy. 1 vol. in-16, cart. 2 fr.
— *Morceaux choisis*, publiés avec des notices et des notes par M. Lévy. 1 volume petit in-16, cartonné. 3 fr.
Heinhold. *Petit dictionnaire français-allemand et allemand-français.* 1 volume in-12, cart. en percaline gaufrée. 4 fr.

22 ÉTUDE DES LANGUES VIVANTES.

Koch, professeur au lycée Saint-Louis. *La classe en allemand*, nouveaux dialogues à l'usage des lycées et des collèges, accompagnés d'un vocabulaire des mots les plus usuels. 1 vol. petit in-16, cart. 1 fr. 25 c.

Lectures géographiques. Textes extraits des écrivains allemands, par M. Kubff, avec des exercices et des cartes. 1 vol. in-12, cart. 3 fr.

Lessing. *Fables* en prose et en vers. Édition classique, publiée avec des notes, par M. Boutteville. 1 vol. in-12, cart. 1 fr.
Le même ouvrage, trad. *juxtalinéaire*, par M. Boutteville. In-12, br. 1 fr. 50 c.
— *Extraits de la dramaturgie*, publiés avec une notice et des notes, par M. Cottler, professeur au lycée Louis-le-Grand. 1 volume petit in-16, cartonné. 1 fr. 50 c.
— *Extraits des lettres sur la littérature ancienne et moderne*, publiés avec une notice et des notes, par M. Cottler. 1 vol. petit in-16, cart. 2 fr.
— *Laocoon*. Texte allemand, publié avec une notice, des notes par M. Lévy. 1 volume petit in-16, cart. 2 fr. 50 c.
Le même ouvrage, traduction française de M. Courtin, avec le texte en regard et des notes. 1 volume in-12, br. 4 fr.
— *Minna de Barnhelm*, comédie en prose, texte allemand, publiée avec des notes en français, par M. Lévy. 1 vol. petit in-16, cartonné. 1 fr. 50 c.

Lévy (B.), inspecteur général de l'enseignement des langues vivantes : *Exercices de conversation allemande*. 3 vol. in-12, cartonné.
I. *Exercices sur les parties du discours*, à l'usage des cours élémentaires. 1 volume. 1 fr. 25 c.
II. *Sujets de conversation*, à l'usage des cours moyens. 1 volume. 1 fr. 75 c.
III. *Sujets de conversation*, à l'usage des cours supérieurs. 1 volume. 3 fr.
— *Recueil de lettres allemandes*, accompagné de notes en français. 1 vol. in-12, cartonné. 2 fr.
Le même ouvrage, reproduit en écritures autographiques, pour exercer à la lecture des manuscrits allemands. 1 vol. in-8, cartonné. 4 fr. 50 c.

Lévy (J.). *Méthode rationnelle d'écriture allemande*. 1 vol. petit in-18, cart. 25 c.
— *Cours d'écriture allemande suivant la méthode rationnelle*, composé de cinq cahiers in-4°. Chaque cahier. 15 c.

Niebuhr. *Histoires tirées des temps héroïques de la Grèce*. Texte allemand, publié avec un vocabulaire et des notes, par M. Koch. 1 vol. petit in-16, cart. 1 fr. 50
Le même ouvrage, traduction française, par Mme Koch, avec le texte allemand. 1 vol. in-12, br. 1 fr. 75 c.
Le même ouvrage, traduction *juxtalinéaire* par Mme Koch. In-12, br. 2 fr. 50

Schiller. *Histoire de la guerre de trente ans.* Texte allemand, publié avec des notes, suivie d'un vocabulaire des noms propres et des termes spéciaux par M. H. Schmidt, professeur d'allemand au lycée Charlemagne, et M. Leclaire. 1 vol. petit in-16, cart. 3 fr.
Le même ouvrage, traduction française avec le texte en regard de M. Jacques Porchat. 2 vol. in-12, br. 6 fr.
— *Guillaume Tell*, drame. Texte allemand, publié avec des notes, par M. Th. Fix. In-12, cart. 2 fr.
Le même ouvrage, traduction française avec le texte en regard, par M. Fix. 1 vol. in-12, br. 4 fr.
Le même ouvrage, traduction *juxtalinéaire*, par M. Fix. 1 vol. in-12, br. 3 fr.
— *Marie Stuart*, tragédie. Texte allemand, publié avec des notes, par M. Fix. In-12, cartonné. 2 fr.
Le même ouvrage, traduction française avec le texte en regard, par M. Fix, 1 vol. in-12, br. 4 fr.
Le même ouvrage, traduction *juxtalinéaire*, par M. Fix. 1 vol. in-12, br. 6 fr.
— *Morceaux choisis*, publiés avec des notices et des notes par M. Lévy. 1 vol. petit in-16, cart. 3 fr.
Le même ouvrage, traduction française avec le texte en regard de M. Jacques Porchat. 2 vol. in-12, brochés. 6 fr.

Schiller et Gœthe. *Extraits de leur correspondance.* Texte allemand publié avec une introduction et des notes, par M. B. Lévy. 1 vol. petit in-16, cart. »
Le même ouvrage, traduction française, par MM. Courtin et B. Lévy. 1 vol. petit in-16, broché. » »

Schmidt (H.). *Deux premières années d'allemand* (grammaire, exercices, dialogues); 2e édition, revue et augmentée. 1 vol. in-12, cart. 1 fr. 80 c.

Suckau (W. de), ancien professeur de langue allemande au lycée St-Louis. *Dictionnaire classique allemand-français et français-allemand.* 2 vol. petit in-8, brochés. 10 fr.
Les 2 vol. cartonnés en un. 11 fr. 25 c.

ÉTUDE DES LANGUES VIVANTES. 23

2° LANGUE ANGLAISE

Addison. *Beautés.* Texte anglais. 1 vol. petit in-16, cartonné. 3 fr.

Aikin et Barbauld. *Evenings at home.* Texte anglais. 1 vol. in-16. cart. 2 fr. 50 c.

Beljame (A.), professeur d'anglais au lycée Louis-le-Grand. *Exercices oraux de langue anglaise;* 3e édit. 1 vol. in-12, cart. 1 fr. 50 c.
— *Première année d'anglais,* exercices gradués et pratiques sur la prononciation, la conversation et la grammaire. 1 vol. in-12, cart. 1 fr. 25 c.
— *Deuxième année d'anglais.* In 12. 1 f. 50 c.
— *Cours pratique de prononciation anglaise,* avec 200 exercices gradués sur la prononciation, l'accentuation, les homonymes, les paronymes, etc. 1 vol. in-8, cart. 3 fr.

Byron. *Beautés.* Texte anglais. 1 volume in-16, cartonné. 3 fr.

Day. *Sandford et Merton.* Texte anglais. 1 vol. petit in-16, cartonné. 2 fr. 50 c.

Edgeworth (Miss). *Frank.* Texte anglais. 1 vol. petit in-16, cartonné. 1 fr. 50 c.
— *Contes choisis,* annotés par M. Motheré, professeur au lycée Charlemagne, 1 vol. petit in-16, cartonné. 2 fr.
— *Forester.* Texte anglais, annoté par M. A. Beljame. 1 vol. petit in-16, cartonné. 1 fr. 50 c.
Le même ouvrage, traduction française de M. Beljame, avec le texte en regard. In-12, br. 3 fr.

Eichhoff, inspecteur de l'académie de Paris. *Cours de versions anglaises* à l'usage des classes de grammaire, étude préparatoire aux *Morceaux choisis* du même auteur. 1 vol. in-12, cart. 2 fr.
— *Morceaux choisis* en prose et en vers des classiques anglais, publiés pour répondre aux derniers programmes des lycées et du baccalauréat. 3 vol. in-12, cartonnés :
1er vol. : Cours de troisième. 1 fr. 50 c.
IIe vol. : Cours de seconde. 2 fr. 50 c.
IIIe vol. : Cours de rhétorique. 3 fr.
— *Cours de thèmes anglais,* précédés d'un résumé de grammaire. 1 vol. in-12, cart. 2 f.
— *Les racines de la langue anglaise,* rangées par désinences avec des principes de grammaire et d'étymologie comparée. 1 vol. in-12, br. 1 fr.

Fleming. *Abrégé de grammaire anglaise.* 1 vol. in-12, cart. 1 fr. 25 c.
— *Exercices* sur l'abrégé de grammaire anglaise. In-12, cart. 1 fr. 25 c.
— *Corrigé* desdits. In-12. 1 fr. 50 c.
— *Cours complet de grammaire anglaise.* In-8, cart. 3 fr.
— *Exercices* sur le cours complet de grammaire anglaise, par M. Aug. Beljame. In-8, cart. 3 fr.
Voir pages 5, 16, 20, 22 et 24 pour les *langues française, latine, grecque* et les *langues vivantes.*

Foe (Daniel de). *Vie et aventures de Robinson Crusoé.* Texte anglais, annoté par M. A. Beljame. 1 vol. petit in-16, cartonné. 1 fr. 80 c.

Goldsmith. *Le vicaire de Wakefield.* Texte anglais, publié avec des notes, par M. A. Beljame. 1 vol. petit in-16. 1 fr. 50 c.
Le même ouvrage, traduction française de M. Forgues, avec le texte en regard. In-12, br. 4 fr.
— *The deserted village and the traveller.* Texte anglais, annoté par M. Motheré. 1 vol. petit in-16, cartonné. » »
— *Essais choisis.* Texte anglais, annoté par M. Mac-Enery, professeur au lycée Fontanes. 1 vol. petit in-16, cart. 1 fr. 50 c.

Gousseau et Koch. *La classe en anglais.* Nouveaux dialogues, à l'usage des lycées et des collèges, accompagnés d'un vocabulaire des mots les plus usuels. 1 volume petit in-16, cart. 1 fr. 25 c.

Jours (Les) de classe de Tom Brown. Texte anglais, édition originale. 1 vol. petit in-16, cartonné. 2 fr. 50 c.

Irwing (Washington). *The Sketch book.* Texte anglais, édition classique. 1 volume in-12, cartonné. 2 fr. 50 c.

Macaulay. *Morceaux choisis des essais.* Texte anglais, publié avec des analyses et des notes en français par M. A. Beljame. 1 vol. in-16, cart. 2 fr. 50 c.
Le même ouvrage, traduction française de M. Aug. Beljame. In-12. 4 fr. 50 c.
— *Morceaux choisis de l'histoire d'Angleterre et des chants de l'ancienne Rome.* 1 vol. petit in-16, cart. » »

Milton. *Paradis perdu.* livres I et II. Texte anglais, publié avec une notice sur Milton, et des notes par M. A. Beljame. 1 vol. petit in-16, cartonné. 90 c.

— *Œuvres poétiques.* Texte anglais. 1 vol. in-12, cartonné. 3 fr.

Pope. *Essai sur la critique.* Texte anglais annoté par M. Motheré. 1 volume petit in-16, cartonné. » »

— *Windsor forest.* Texte anglais annoté par M. Motheré. 1 volume petit in-16, cartonné. » »

Shakspeare. *Coriolan.* Texte anglais, publié avec des notes, par M. Fleming. 1 vol. in-12, cart. 2 fr.

Le même ouvrage, traduction juxtalinéaire 1 vol. in-12, broché. 6 fr.

— *Jules César,* tragédie. Texte anglais, publié avec une notice et des notes, par M. Fleming. 1 vol. petit in-16. 1 fr. 25 c.

Sheridan. *The School for scandal.* L'école de la médisance. Texte anglais, avec notes, par M. Spiers. In-18, br. 1 fr.

Spiers. *Grammaire raisonnée de la langue anglaise et cours de thèmes.* In-12, broché. 2 fr. 50 c.

— *Abrégé de grammaire anglaise,* à l'usage des enfants. In-12. 2 fr. 50 c.

— *Etude raisonnée de la langue anglaise.* In-12. 3 fr. 50 c.

— *Versions anglaises.* In-12. 2 fr.

Walter Scott. *Extraits des contes d'un grand-père.* Texte anglais, publié par M. Talandier, professeur au lycée Henri IV. 1 vol. petit in-16, cart. 1 fr. 50 c.

— *Cours de thèmes anglais.* In-12. 1 fr. 50 c.

— *Morceaux choisis.* Publiés par Battier, professeur au lycée Saint-Louis. 1 volume petit in-16, cartonné. 3 fr.

3° LANGUE ITALIENNE

Machiavel *Discours sur la première décade de Tite-Live.* Texte italien, expurgé, à l'usage des classes, et précédé d'une notice en français. 1 vol. in-12. » »

Manzoni. *Les Fiancés.* Texte italien, précédé d'une notice en français. 1 vol. in-12.

Morceaux choisis en prose et en vers des classiques italiens, par M. Louis Ferri, anc. élève de l'Ecole normale de France, professeur à l'Université de Rome. 1 vol. petit in-16, cart. 2 fr.

Paoli. *Abrégé de grammaire italienne,* 1 vol. in-12, cart. 1 fr. 25 c.

Rappelli. *Exercices sur l'abrégé de la grammaire italienne.* 1 vol. in-12, cart. Prix. 1 fr. 25 c.

— *Corrigé des exercices.* 1 vol. in-12, cart. Prix. 1 fr. 50 c.

Tasse. *La Jérusalem délivrée.* Texte italien, expurgé, à l'usage des classes, et précédé d'une notice en français. 1 vol. in-12. » »

4° LANGUE ESPAGNOLE

Calderon de la Barca : *El majico prodigioso.* Texte espagnol, publié avec une notice et des notes en français, par M. Magnabal. 1 vol. petit in-16, cart. » »

Cervantès. *Le Captif* (el Cautivo), texte espagnol extrait de don Quichotte, publié avec des notes en français, par M. J. Merson. In-12, cart. 1 fr.

Le même ouvrage, traduction française, avec le texte en regard, par M. J. Merson. In-12, br. 2 fr.

Le même ouvrage, traduction juxtalinéaire, par M. J. Merson. 1 vol. in-12, broché. 3 fr.

Fonseca (J. da). *Dictionnaire français-espagnol et espagnol-français.* 1 vol. in-8, cart. 10 fr.

Hernandez. *Abrégé de grammaire espagnole.* In-12, cart. 1 fr. 25 c.

— *Exercices sur l'abrégé de grammaire espagnole.* In-12. 1 fr. 25 c.

— *Corrigé des exercices.* In-12. 1 fr. 50 c.

— *Cours complet de grammaire espagnole.* In-8. 3 fr. 50 c.

Morceaux choisis en prose et en vers des classiques espagnols, par MM. Hernandez et Le Roy. 1 vol. petit in-16, cartonné. 2 fr.

Morceaux choisis du *Don Quichotte,* par Cervantès, de la *Conquête du Mexique,* par A. de Solis, de la *Guerre de Grenade,* par H. de Mendoza Nouveau recueil publié avec des notices et des notes, par M. Magnabal. 1 vol. petit in-16 (en préparation).

Paris. — Imprimerie Viéville et Capiomont, rue des Poitevins, 6.

LIBRAIRIE HACHETTE

TRADUCTIONS JUXTALINÉAIRES
DES
PRINCIPAUX AUTEURS CLASSIQUES GRECS
FORMAT IN-12.

Cette collection comprendra les principaux auteurs qu'on explique dans les classes.

EN VENTE :

ARISTOPHANE : Plutus. 2 fr. 25 c.
— Morceaux choisis, par G. Poyard. 6 fr.
BABRIUS. Fables.................. 4 fr.
BASILE (Saint) : De la lecture des auteurs profanes....... 1 fr. 25 c.
— Contre les usuriers......... 75 c.
— Observe-toi toi-même...... 90 c.
CHRYSOSTOME (S. JEAN) : Homélie en faveur d'Eutrope..... 60 c.
— Homélie sur le retour de l'évêque Flavien............... 1 fr.
DÉMOSTHÈNE : Discours contre la loi de Leptine....... 3 fr. 50 c.
— Discours pour Ctésiphon ou sur la Couronne........ 3 fr. 50 c.
— Harangue sur les prévarications de l'ambassade........ 6 fr.
— Les trois Olynthiennes. 1 fr. 50 c.
— Les quatre Philippiques.... 2 fr.
ESCHINE : Discours contre Ctésiphon. Prix............ 4 fr.
ESCHYLE : Prométhée enchaîné. 3 fr.
— Les Sept contre Thèbes. 1 fr. 50 c.
ÉSOPE : Fables choisies. 1 fr. 25 c.
EURIPIDE : Électre......... 3 fr.
— Hécube............. 2 fr.
— Hippolyte........... 3 fr. 50 c.
— Iphigénie en Aulide..... 3 fr.
GRÉGOIRE DE NAZIANZE (Saint) :
— Éloge funèbre de Césaire. 1 fr. 25 c.
— Homélie sur les Machabées. 80 c.
GRÉGOIRE DE NYSSE (Saint) :
— Contre les usuriers...... 75 c.
— Éloge funèbre de saint Melèce. 75 c.
HOMÈRE : Iliade, 6 volumes. 20 fr.
— Chants I à IV. 1 vol... 3 fr. 50 c.
— Chants V à VIII. 1 vol. 3 fr. 50 c.
— Chants IX à XII. 1 vol. 3 fr. 50 c.
— Chants XIII à XVI. 1 vol. 3 fr. 50 c.
— Chants XVII à XX. 1 vol. 3 fr. 50 c.
— Chants XXI à XXIV. 1 vol. 3 fr. 50 c.
— Chaque chant séparément. 1 fr.
— Odyssée. 6 vol............
— Chants I à IV. 1 vol......
— Chants V à VIII. 1 vol....
— Chants IX à XII. 1 vol....
— Chants XIII à XVI. 1 vol..
— Chants XVII à XX. 1 vol...
— Chants XXI à XXIV. 1 vol..

ISOCRATE : Archidamus.
— Conseils à Démonicos...
— Éloge d'Évagoras......
— Panégyrique d'Athènes. 4 fr.
LUC (Saint) : Évangile.
LUCIEN : Dialogues des morts.
— De la manière d'écrire l'histoire.
PÈRES GRECS (Choix de). Prix........... 7 fr.
PINDARE : Isthmiques (les).
— Néméennes (les).
— Olympiques (les)...... 3 fr.
— Pythiques (les)........ 3 fr.
PLATON : Alcibiade (1er prem.)
— Apologie de Socrate.
— Criton.............. 1 fr.
— Gorgias.
— Phédon.
PLUTARQUE : Lecture des poètes. Prix.
— Vie d'Alexandre.
— Vie d'Aristide.
— Vie de César.
— Vie de Cicéron.
— Vie de Démosthène.
— Vie de Marius.
— Vie de Pompée.
— Vie de Solon.
— Vie de Sylla.
— Vie de Thémistocle.
SOPHOCLE : Ajax.
— Antigone............ 2 fr.
— Électre.
— Œdipe à Colone.
— Œdipe roi........... 3 fr.
— Philoctète........... 3 fr.
— Trachiniennes (les).
THÉOCRITE : Œuvres. Prix.
THUCYDIDE : Guerre du Péloponnèse, livre I.
XÉNOPHON : Anabase.
— Chaque livre séparément.
— Apologie de Socrate.
— Cyropédie, livre I.
— Entretiens de Socrate (les quatre livres).
— Chaque livre séparément.

A LA MÊME LIBRAIRIE : Traductions juxtalinéaires des auteurs latins qu'on explique dans les classes.

Typographie Lahure, rue de Fleurus, 9, à Paris.

www.ingramcontent.com/pod-product-compliance
Lightning Source LLC
Chambersburg PA
CBHW062003070426
42451CB00012BA/2563